Dirigir equipos de trabajo en entornos virtuales

Dirigir equipos de trabajo en entornos virtuales

Mercedes Fernández Correas,
Sara Jiménez Jiménez y Silvia López García

Paraninfo | ESPECIALIDADES FORMATIVAS

Paraninfo

© Autoras: Mercedes Fernández Correas, Sara Jiménez Jiménez
              y Silvia López García

© Ediciones Paraninfo, SA, 2025
   1.ª edición, 2025

C/ Sierra de Guadarrama 35. Naves 2, 3, 4 y 5
Pol. Ind. San Fernando II,
28830 San Fernando de Henares
Teléfono: 914 463 350
clientes@paraninfo.es / www.paraninfo.es

Producción: Nacho Cabal Ramos
Diseño y maquetación: Ediciones Nobel, S.A.

Impreso en España
Liberdigital (Casarrubuelos, Madrid)

ISBN: 978-84-283-6758-5
Depósito legal: M-2804-2025

(30.041)

La editorial recomienda que el alumnado realice las actividades sobre el cuaderno y no sobre el libro.

Paraninfo

El presente libro desarrolla el Módulo Formativo de **Dirigir equipos de trabajo en entornos virtuales** (Código: ADGD372PO), con una duración de 30 horas. Pertenece a la familia profesional de Administración y Gestión, y está asociado al área profesional de Administración y Auditoría.

La estructura organizativa de sus contenidos corresponde fielmente a la establecida por la normativa vigente y más concretamente a los contenidos del Módulo Formativo de **Dirigir equipos de trabajo en entornos virtuales.**

Las unidades del libro se acompañan de multitud de **recursos didácticos** que ayudarán a la mejor comprensión de la materia de estudio:

- Desarrollo del currículo oficial.
- Lenguaje claro y sencillo que favorece la comprensión.
- Explicaciones exhaustivas y rigurosas, pero también amenas y asequibles.
- Gran cantidad de fotografías y tablas explicativas.
- Recuadros con información complementaria.
- Ejemplos reales para ilustrar los contenidos teóricos.
- Actividades finales de comprobación de tipo test y actividades de aplicación en todas las unidades.

Este libro cuenta con el **solucionario** de las actividades incluidas en el libro al que puede accederse previo registro, desde la ficha web de este libro en www.paraninfo.es.

Solucionario disponible en

www.paraninfo.es

Contenido

Construir el equipo

En una realidad donde conviven tanto el trabajo de oficina presencial como el teletrabajo, adaptarnos a liderar equipos, gestionar proyectos y conseguir resultados en la metodología virtual es esencial para todas las empresas. En este módulo trabajaremos tanto las capacidades y competencias que debemos tener si queremos trabajar en entornos virtuales con éxito como la metodología para hacerlo.

En la era actual de la digitalización y la globalización, la forma en que los equipos de trabajo colaboran ha experimentado un cambio significativo.

Los equipos virtuales, compuestos por profesionales que trabajan desde ubicaciones geográficas distintas, han emergido como una norma en muchas organizaciones.

Además de todo ello, la época que todos vivimos y recordamos como la COVID-19 aceleró los planes de teletrabajo en todas las empresas, siendo España un país que no terminaba de posicionarse en esta forma de trabajo empresarial.

Esta transformación, aunque llena de ventajas, plantea desafíos reales para los componentes en la construcción y gestión de equipos eficaces.

Un equipo, en su esencia, es un grupo de individuos que colaboran de manera coordinada y estructurada para lograr un objetivo común. Las características que hacen efectivo a un equipo incluyen la diversidad de habilidades y experiencias, una comunicación abierta y efectiva, roles y responsabilidades claramente definidos, y un alto nivel de compromiso compartido hacia metas, objetivos y resultados.

El líder de un equipo en un entorno virtual desempeña un papel fundamental. Su función no solo implica la dirección y supervisión, sino también la facilitación de la colaboración, la resolución de conflictos, la escucha activa y la motivación de los miembros del equipo.

El líder virtual debe ser un comunicador excepcional y un facilitador de la cooperación en línea, asegurando que el equipo alcance su máximo potencial, dando soporte constantemente y salvando la coyuntura de trabajar a través de distancias geográficas.

El proceso de «construir el equipo» en entornos virtuales es una etapa crítica que establece las bases para el éxito futuro. Uno de los puntos más importantes, antes de trabajar sobre habilidades es evaluar la madurez de la empresa. Antes de tomar decisiones para la puesta en marcha de un programa de teletrabajo, se debe conocer en qué medida se encuentra preparada la organización, analizar los recursos necesarios para la implantación, tanto en tiempo como en equipamiento, y evaluar la capacidad de la empresa para adaptarse a los cambios organizativos y de cultura que el teletrabajo conlleva.

Ejemplo de preguntas para evaluar cómo de preparada está una empresa para implantar el teletrabajo y tener éxito en el proceso:

- ¿Cuenta la empresa con puestos de trabajo cuyos objetivos se puedan medir de manera objetiva y concreta?

- ¿Cuenta la empresa con empleados cuyas tareas puedan realizarse fuera de la oficina?

- ¿Está dispuesta la empresa a destinar tiempo y recursos para realizar los cambios organizativos pertinentes?

- ¿Tiene la posibilidad de realizar una inversión en tecnología que en el medio plazo consiga revertir en incrementos de productividad de los empleados?

- ¿Se ha medido la motivación de los empleados y se conoce de dónde proviene?

- ¿La empresa considera importante favorecer la conciliación de la vida laboral y personal de sus empleados?

- ¿Qué grado de conocimiento en herramientas digitales tienen tanto los jefes de departamento como el resto del equipo en general?

En este primer apartado, exploraremos las habilidades, herramientas y estrategias necesarias para abordar este desafío con confianza. Aprenderemos cómo identificar y aprovechar las habilidades técnicas, interpersonales y personales que potenciarán la colaboración en línea.

Además, analizaremos la importancia de una matriz de reparto de responsabilidades clara y un funcionamiento de grupo de trabajo eficiente.

Figura 1.1. Reunión de equipo.

1.1. Habilidades técnicas

En esta sección, se abordarán las habilidades técnicas necesarias para el trabajo en entornos virtuales, las cuales son fundamentales para el éxito en equipos de trabajo en entornos virtuales.

Una **habilidad técnica** es una capacidad específica y práctica que una persona posee para realizar tareas concretas y especializadas, a menudo relacionadas con el uso de herramientas, equipos, tecnologías o métodos técnicos específicos. Estas habilidades son generalmente adquiridas a través de la educación formal, la formación profesional, la práctica y la experiencia laboral. Las habilidades técnicas son esenciales en campos como la ingeniería, la informática, la medicina, la manufactura y muchas otras disciplinas donde se requiere un conocimiento especializado para llevar a cabo tareas específicas con precisión y eficiencia.

Por ejemplo, algunas habilidades técnicas pueden incluir:

- Programación en lenguajes específicos como Python, Java o C++.
- Uso de *software* especializado como AutoCAD para diseño asistido por computadora.
- Manejo de equipos médicos específicos como máquinas de resonancia magnética.
- Conocimiento de técnicas de laboratorio en biología molecular.
- Habilidades en soldadura o maquinaria pesada en la industria manufacturera.

Estas habilidades son valoradas en el mercado laboral porque permiten a los profesionales realizar tareas especializadas que son cruciales para la operación eficiente y efectiva de muchas industrias.

Por lo tanto, en este apartado incluiremos aspectos como la familiaridad con las herramientas de comunicación y colaboración en línea, el conocimiento de las plataformas de gestión de proyectos y la capacidad de utilizar *software* específico relacionado con las tareas del equipo.

Como habilidades técnicas tenemos cuatro grandes grupos: la comunicación digital efectiva, el conocimiento de las herramientas de colaboración, el conocimiento de las herramientas de comunicación y el conocimiento de las herramientas para el control y seguimiento.

- **Comunicación digital efectiva**

    La comunicación digital es el pilar de la colaboración en equipos virtuales.

    La comunicación digital es el intercambio de información y mensajes a través de medios electrónicos y digitales. Esto incluye una amplia variedad de plataformas y tecnologías que permiten la transmisión y recepción de datos, como el correo electrónico, las redes sociales, los mensajes de texto, los sitios web, las aplicaciones móviles y otros canales en línea.

    Algunas características clave de la comunicación digital son:

    - **Inmediatez:** la información puede ser enviada y recibida casi instantáneamente.
    - **Interactividad:** permite una comunicación bidireccional, donde los receptores pueden responder y participar en la conversación.
    - **Accesibilidad:** puede ser accedida desde casi cualquier lugar del mundo, siempre que haya una conexión a Internet.

– **Multimedia:** permite la integración de texto, imágenes, audio y video en los mensajes, haciendo la comunicación más dinámica y efectiva.

– **Alcance global:** permite a las personas y organizaciones comunicarse a nivel mundial sin barreras físicas.

Figura 1.2. Comunicación multidireccional en tiempo real.

La comunicación digital ha transformado la forma en que las personas interactúan, permitiendo una conectividad sin precedentes y facilitando el flujo de información a nivel global. Es esencial en la vida cotidiana moderna, tanto en contextos personales como profesionales.

Aquí se destacan las siguientes habilidades clave:

– **Uso de herramientas de comunicación:** herramientas como el correo electrónico, chats y videoconferencias; saber utilizarlas eficazmente en la comunicación a distancia.

– **Netiqueta:** normas de etiqueta en la comunicación digital, que son esenciales para mantener la profesionalidad y la claridad en línea. La netiqueta/*netiquette*, o etiquetas en la red, son un conjunto de reglas que regulan el comportamiento que deben tener los usuarios en la red para garantizar una navegación divertida, agradable y lejos de problemas.

– **Mejores prácticas de comunicación:** trabajar con prácticas recomendadas para la comunicación clara y efectiva en entornos virtuales, incluyendo la elección del canal de comunicación apropiado.

■ **Herramientas de colaboración**

La colaboración en línea depende del uso de herramientas de gestión de proyectos, compartir documentos y poder trabajar en ellos al mismo tiempo.

Las herramientas de colaboración son aplicaciones, plataformas y tecnologías diseñadas para facilitar la comunicación, coordinación y trabajo conjunto entre individuos y equipos, independientemente de su ubicación geográfica. Estas herramientas permiten a los usuarios compartir información, gestionar proyectos, realizar tareas conjuntas y comunicarse de manera eficiente y efectiva.

Algunos ejemplos comunes de herramientas de colaboración incluyen:

- **Plataformas de gestión de proyectos:** como Trello, Asana y Monday.com, que ayudan a planificar, organizar y supervisar tareas y proyectos.

- *Software* **de videoconferencia:** como Zoom, Microsoft Teams y Google Meet, que permiten reuniones virtuales en tiempo real.

- **Herramientas de comunicación en equipo:** como Slack y Microsoft Teams, que facilitan la mensajería instantánea, la creación de canales temáticos y la integración con otras aplicaciones.

- **Aplicaciones de almacenamiento y compartición de archivos:** como Google Drive, Dropbox y OneDrive, que permiten almacenar, compartir y colaborar en documentos y archivos.

- **Documentos colaborativos:** como Google Docs, Sheets y Slides, que permiten a múltiples usuarios editar y comentar en tiempo real.

Características clave de las herramientas de colaboración:

- **Accesibilidad:** pueden ser utilizadas desde cualquier lugar con una conexión a internet, facilitando el trabajo remoto y la colaboración a distancia.

- **Sincronización en tiempo real:** los cambios y actualizaciones se reflejan instantáneamente para todos los usuarios.

- **Integración:** a menudo se integran con otras aplicaciones y servicios para mejorar la funcionalidad y la eficiencia.

- **Seguridad:** incluyen características para proteger la información compartida, como control de acceso, cifrado y copias de seguridad.

Estas herramientas son esenciales para el trabajo moderno, permitiendo a los equipos colaborar de manera más efectiva, gestionar proyectos con mayor eficiencia y mantener una comunicación fluida, independientemente de las barreras físicas.

Figura 1.3. Reunión por videollamada.

■ **Herramientas de comunicación**

Las herramientas de comunicación son aplicaciones y tecnologías diseñadas para facilitar el intercambio de información entre individuos o grupos. Estas herramientas se centran principalmente en la transmisión de mensajes y la interacción entre las partes, permitiendo una comunicación eficiente y efectiva.

Algunos ejemplos de herramientas de comunicación incluyen:

– **Correo electrónico:** como Gmail y Outlook, utilizados para enviar y recibir mensajes escritos.

– **Mensajería instantánea:** como WhatsApp, Slack y Microsoft Teams, que permiten el envío de mensajes de texto en tiempo real.

– **Videoconferencia:** como Zoom, Skype y Google Meet, que facilitan reuniones virtuales con audio y vídeo.

– **Llamadas telefónicas y VoIP:** como las realizadas a través de servicios como Skype o Microsoft Teams, que permiten realizar llamadas de voz a través de Internet.

– **Redes sociales:** como Facebook, X (antes Twitter) e Instagram, que facilitan la comunicación y el intercambio de información entre usuarios.

Figura 1.4. Reunión en casa con 36 compañeros más.

La diferencia entre herramientas de comunicación y herramientas de colaboración es que, si bien las herramientas de comunicación y las herramientas de colaboración pueden solaparse en algunas áreas, tienen enfoques y objetivos diferentes:

Enfoque principal

- **Herramientas de comunicación:** se centran en la transmisión de mensajes y la interacción entre las personas. Su objetivo principal es facilitar la comunicación rápida y efectiva.

- **Herramientas de colaboración:** se centran en facilitar el trabajo conjunto y la gestión de proyectos. Su objetivo es coordinar tareas, compartir recursos y trabajar de manera conjunta en proyectos específicos.

Funcionalidad

- **Herramientas de comunicación:** incluyen características como chat, correo electrónico, videollamadas y mensajería instantánea.

- **Herramientas de colaboración:** incluyen funcionalidades como la gestión de tareas y proyectos, almacenamiento y compartición de archivos, edición de documentos en tiempo real y seguimiento del progreso.

Ejemplos

- **Herramientas de comunicación:** WhatsApp, Gmail, Zoom.

- **Herramientas de colaboración:** Trello, Asana, Google Drive.

Uso combinado

— En muchos entornos de trabajo, se utilizan ambas herramientas de manera complementaria. Por ejemplo, un equipo puede usar Slack (herramienta de comunicación) para discusiones rápidas y Asana (herramienta de colaboración) para gestionar y coordinar sus proyectos.

En resumen, las herramientas de comunicación se centran en la transmisión de información y la interacción, mientras que las herramientas de colaboración están orientadas a facilitar el trabajo conjunto y la gestión de proyectos. Ambas son esenciales en el entorno de trabajo moderno y a menudo se utilizan de manera complementaria para maximizar la eficiencia y la productividad.

■ Herramientas de control y seguimiento

Tener herramientas que permitan al líder conocer el estado de progreso de sus proyectos, quién colabora en los mismos y toda la carga de trabajo pendiente, es indispensable en entornos virtuales.

Las herramientas de control y seguimiento en un entorno de trabajo virtual son aplicaciones y sistemas diseñados para supervisar, gestionar y evaluar el progreso de proyectos, tareas y actividades de los empleados y equipos que trabajan de manera remota.

Estas herramientas ayudan a asegurar que los proyectos se mantengan en curso, los plazos se cumplan y los recursos se utilicen de manera eficiente.

Las herramientas de control y seguimiento son aplicaciones digitales que permiten a los gerentes y equipos monitorear el progreso de las tareas, gestionar el rendimiento del equipo y asegurarse de que los objetivos y plazos del proyecto se cumplan. Estas herramientas proporcionan una visión clara y en tiempo real del estado del proyecto, permitiendo una toma de decisiones informada y oportuna.

Características comunes

— **Monitoreo del progreso:** permiten ver el estado de las tareas y proyectos en tiempo real.

— **Asignación de tareas:** facilitan la asignación de tareas y responsabilidades específicas a los miembros del equipo.

— **Gestión de plazos:** ayudan a establecer y seguir los plazos para las tareas e hitos del proyecto.

— **Informes y análisis:** generan informes sobre el rendimiento, el uso del tiempo y otros indicadores clave.

— **Notificaciones y recordatorios:** envían alertas sobre fechas límite próximas, actualizaciones de tareas y otros eventos importantes.

— **Colaboración:** ofrecen funciones de colaboración como comentarios en tareas, discusiones y compartición de documentos.

Figura 1.5. Monitorear el estado de las tareas.

Ejemplos de herramientas

- **Trello:** utiliza tableros, listas y tarjetas para organizar y priorizar tareas y proyectos.

- **Asana:** permite gestionar proyectos y tareas con vistas de listas, tableros, calendarios y cronogramas.

- **Monday.com:** ofrece una plataforma visual para la gestión de proyectos y tareas con múltiples vistas y herramientas de colaboración.

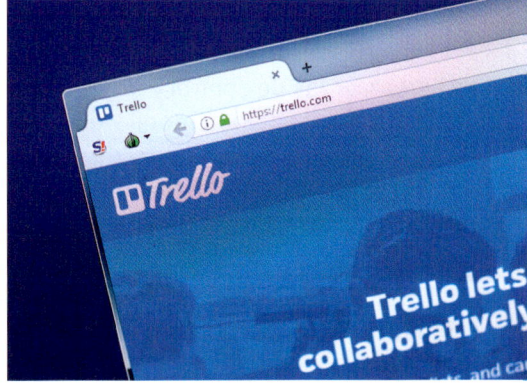

Figura 1.6. Programa Trello.

- **Jira:** popular en el desarrollo de software, facilita la gestión de proyectos ágiles con funciones como sprints, backlogs y tableros Kanban.

- **Microsoft Project:** herramienta avanzada para la gestión de proyectos, que incluye gráficos de Gantt, informes detallados y seguimiento de recursos.

Importancia en el entorno de trabajo virtual

- **Transparencia:** proporcionan visibilidad sobre quién está trabajando en qué y cuál es el estado actual de las tareas y proyectos.

- **Responsabilidad:** ayudan a garantizar que todos los miembros del equipo son responsables de sus tareas y plazos.
- **Eficiencia:** facilitan la identificación de cuellos de botella y áreas donde se puede mejorar la eficiencia.
- **Comunicación:** mejoran la comunicación entre los miembros del equipo, especialmente en un entorno remoto donde la interacción cara a cara es limitada.
- **Toma de decisiones informada:** proporcionan datos y análisis que ayudan a los gerentes a tomar decisiones informadas y oportunas.

Las herramientas de control y seguimiento son esenciales en un entorno de trabajo virtual para asegurar que los equipos trabajen de manera coordinada y eficiente, que se cumplan los plazos y objetivos, y que se pueda realizar un seguimiento del rendimiento y progreso de manera clara y transparente.

¡Importante! Uso de *software* específico para tareas

El uso de *software* específico es esencial para completar tareas, incluyendo:

Capacitación en *software* específico: se debe garantizar la capacitación de todo el equipo necesario para utilizar *software* relacionado con las tareas del equipo, como herramientas de diseño, software de programación y análisis de datos.

Elegir y aprender nuevas herramientas: debemos, como equipo, estar abiertos a cómo seleccionar y aprender nuevas herramientas según las necesidades del equipo y la evolución de la tecnología.

Resumen:

El dominio de habilidades técnicas es esencial para el trabajo efectivo en equipos virtuales. Para dirigir un equipo en un entorno virtual, es esencial comprender y utilizar varias herramientas y habilidades clave. Las habilidades técnicas son fundamentales, ya que permiten a los miembros del equipo realizar tareas específicas y especializadas con eficacia.

La comunicación digital es crucial para mantener el flujo de información a través de medios electrónicos como el correo electrónico, redes sociales, mensajes de texto y videoconferencias, lo que garantiza una interacción rápida y accesible.

Las herramientas de colaboración facilitan el trabajo conjunto y la gestión de proyectos, permitiendo compartir archivos, coordinar tareas y editar documentos en tiempo real; los ejemplos incluyen Trello, Asana y Google Drive.

Además, las herramientas de comunicación como Gmail, WhatsApp y Zoom son vitales para el intercambio de mensajes y la interacción entre los miembros del equipo. Es importante diferenciar entre herramientas de comunicación, que se centran en transmitir mensajes, y herramientas de colaboración, que facilitan la gestión de proyectos y el trabajo conjunto.

Finalmente, las herramientas de control y seguimiento como Trello, Asana, Monday.com y Jira son indispensables para monitorear y gestionar el progreso de proyectos y tareas, asegurando transparencia, responsabilidad y eficiencia en el equipo. En resumen, dirigir un equipo virtual eficazmente requiere una combinación de habilidades técnicas, una comunicación digital efectiva y el uso de herramientas de colaboración y seguimiento para asegurar que los proyectos se mantengan en curso y se cumplan los objetivos

1.2. Matriz de reparto de responsabilidades

En este apartado se explica la importancia de definir claramente las responsabilidades de cada miembro del equipo en un entorno virtual. Se proporcionarán pautas y mejores prácticas para crear una matriz de reparto de responsabilidades que ayude a evitar confusiones y superposiciones de funciones.

Una parte fundamental de la construcción y gestión de equipos de trabajo en entornos virtuales es la claridad en las responsabilidades y compartir una serie de puntos entre todos:

■ Tener objetivos compartidos: el equipo virtual debe compartir y entender qué es lo que están tratando de lograr juntos como equipo. Deben quedar claros los objetivos y metas que se quieren conseguir, y vincular esto con la estrategia que tenga la organización.

■ Conocimiento de qué hacer: además de conocer los objetivos, se debe tener claro cómo proceder en su trabajo y lo que se espera de ellos en su rol. Esto suele incluir procesos y procedimientos que se deben respetar para optimizar el tiempo.

■ Herramientas para ello: conocer todas las herramientas que la compañía pone a disposición del equipo virtual. Además, conocer aquellas que se pueden usar en línea y están fuera de la organización respetando el umbral de seguridad y confidencialidad.

■ Capacidad de hacerlo: hay que asegurar que el equipo tiene la habilidad y el conocimiento para usar las herramientas de su trabajo y, si no, poner los medios necesarios para ayudarles en dicho desarrollo.

- Deseo hacerlo: conocer la motivación del equipo para desempeñar bien su trabajo y en las formas y tiempo que el líder ha propuesto.

Una matriz de reparto de responsabilidades es una herramienta esencial para definir y asignar tareas de manera efectiva en equipos virtuales. En esta sección, exploraremos la importancia de esta herramienta y cómo crear y mantener una matriz de reparto de responsabilidades eficaz.

¿Qué es una matriz de reparto de responsabilidades?

Una matriz de reparto de responsabilidades, también conocida como **RACI** (*Responsible, Accountable, Consulted, Informed*) o RASCI (*Responsible, Accountable, Support, Consulted, Informed*), es una herramienta que ayuda a definir y comunicar las responsabilidades de los miembros del equipo en relación con una tarea o proyecto específico. Cada letra en el acrónimo RACI representa un rol diferente:

Tabla 1.1. Matriz de reparto de responsabilidades (RACI)

	Rol		Descripción
R	*Responsible*	Responsable	Este rol corresponde a quien efectivamente realiza la tarea. Lo más habitual es que exista solo un encargado (R) por cada tarea. Si existe más de uno, entonces el trabajo debería ser subdividido a un nivel más bajo, usando para ello la matriz RASCI.
A	*Accountable*	Aprobador	Este rol se responsabiliza de que la tarea se realice y es el que debe rendir cuentas sobre su ejecución. Solo puede existir una persona que deba rendir cuentas (A) de que la tarea sea ejecutada por su responsable (R).
C	*Consulted*	Consultado	Este rol posee alguna información o capacidad necesaria para realizar la tarea.
I	*Informed*	Informado	Este rol debe ser informado sobre el avance y los resultados de la ejecución de la tarea. A diferencia del consultado (C), la comunicación es unidireccional.

En esta matriz se asigna el rol que el recurso debe desempeñar para cada actividad dada. No es necesario que en cada actividad se asignen los cuatro roles, pero sí por lo menos el de aprobador (A) y el de encargado (R). Un mismo recurso puede tener más de un rol para una tarea, por ejemplo, puede ser el encargado (R) y aprobador (A) del mismo, en cuyo caso se anotará R/A.

Matriz RASCI

La matriz RASCI es una variación de la RACI. La única diferencia es la adición de un nuevo rol: el de apoyo (S).

Tabla 1.2. Matriz RASCI

Rol			Descripción
S	*Support*	Apoyo	Son recursos asignados al encargado (R) para la consecución de la tarea. A diferencia del consultado (C), el rol de apoyo (S) trabaja en la tarea.

RACI-VS o VARISC

Al igual que la RASCI, es una variación de la RACI. Los roles adicionales son:

Tabla 1.3. Matriz RACI-VS o VARISC

Rol			Descripción
V	*Verify*	Verificador	Este rol se encarga de comprobar si el producto concuerda con los criterios de aceptación establecidos en la descripción del producto.
S	*Sign*	Aprobador	Este rol aprueba las decisiones de V y autoriza la salida del producto. Lo lógico es que el trabajo de un S preceda siempre al de un A.

Beneficios de una matriz de reparto de responsabilidades:

Principales beneficios de trabajar mediante una matriz de reparto de responsabilidades para la gestión de equipos en entorno virtuales:

1. **Claridad en roles y responsabilidades:** la matriz RACI define quién es responsable, quién es el aprobador, quién debe ser consultado y quién debe ser informado para cada tarea o actividad. Esto elimina la confusión sobre quién debe hacer qué y asegura que todos los miembros del equipo entiendan sus roles.

2. **Mejora de la comunicación:** al especificar claramente quién debe ser consultado e informado, la matriz RACI facilita una comunicación más efectiva y evita malentendidos. Esto es especialmente importante en entornos virtuales donde la comunicación puede ser más difícil.

3. **Aumento de la responsabilidad:** al asignar claramente responsabilidades, la matriz RACI ayuda a asegurar que los miembros del equipo se sientan más responsables de sus tareas. Esto puede aumentar la motivación y el compromiso con el proyecto.

4. **Facilitación de la coordinación:** la matriz RACI proporciona una visión clara de cómo las tareas y responsabilidades están distribuidas entre los miembros del equipo, lo que facilita la coordinación y la colaboración.

5. **Identificación de cuellos de botella:** al detallar las responsabilidades, la matriz RACI ayuda a identificar posibles cuellos de botella y áreas donde las tareas podrían estar sobrecargadas en una sola persona. Esto permite redistribuir el trabajo de manera más equitativa y eficiente.

6. **Mejor gestión del tiempo:** con responsabilidades claras, los equipos pueden gestionar mejor su tiempo, priorizar tareas y asegurarse de que los plazos se cumplan. Esto es crucial en entornos virtuales donde la gestión autónoma del tiempo es fundamental.

7. **Reducción de duplicación de esfuerzos:** al definir claramente quién es responsable de qué, la matriz RACI ayuda a evitar la duplicación de esfuerzos, lo que puede ser un problema común en equipos distribuidos.

8. **Fomento de la transparencia:** la matriz RACI fomenta la transparencia en el equipo, ya que todos pueden ver y entender las responsabilidades de los demás. Esto puede mejorar la confianza y la colaboración entre los miembros del equipo.

9. **Facilitación de la toma de decisiones:** con roles y responsabilidades bien definidos, la toma de decisiones puede ser más rápida y eficiente, ya que es claro quién tiene la autoridad para aprobar decisiones y quién debe ser consultado.

10. **Adaptabilidad a cambios:** en entornos dinámicos, la matriz RACI puede ser fácilmente ajustada para reflejar cambios en el proyecto o en la estructura del equipo, permitiendo una gestión ágil y flexible.

En resumen, una matriz de reparto de responsabilidades RACI aporta claridad, mejora la comunicación y coordinación, y aumenta la eficiencia y la responsabilidad en la gestión de equipos virtuales, ayudando a asegurar que los proyectos se completen de manera efectiva y a tiempo.

Fases para la creación de una matriz de reparto de responsabilidades:

1. **Identificar los roles del proyecto**

   Para poder comenzar con una matriz de responsabilidades de un proyecto se necesita primero identificar a todas las personas que formarán parte de él. Esto significa que se deberán incluir no solo a aquellas que ejecutarán tareas, sino también a las personas que deben estar informadas del estatus del proyecto.

2. **Detallar las tareas y entregables**

   El siguiente paso para crear la matriz de responsabilidades será identificar todas las tareas y entregables que deben realizarse para que el proyecto concluya con éxito. La idea es que la matriz RACI sea simple y fácil de digerir, así que hay que intentar no excederse en el nivel de detalle del listado de tareas. Este listado aparecerá en la primera columna de la izquierda del gráfico.

3. **Asignar roles**

   Ahora se deben asignar los roles a cada tarea. Recuerda que cada tarea debe tener un responsable, aunque no tiene por qué ser el mismo para todas las tareas. Hay que incluir también a aquellas personas que deben ser consultadas en determinadas tareas y las partes interesadas que deberán ser informadas una vez se finalicen.

4. **Compartir la matriz de responsabilidades con el equipo**

   Para evitar cualquier tipo de conflicto posterior lo mejor es que se comparta la matriz de responsabilidades con todo el equipo. De esta forma, se obtendrá *feedback* y se evitarán posteriores ambigüedades sobre responsabilidades y tareas.

5. **Compartir la matriz con los grupos de interés**

   Por último, es clave obtener la aprobación de los *stakeholders* relevantes para el proyecto, de forma que también aquellos líderes o altos ejecutivos, que deban estar informados, tengan claro quiénes se encargarán de las tareas y quiénes serán consultados antes de finalizar el proyecto.

Ejemplos:

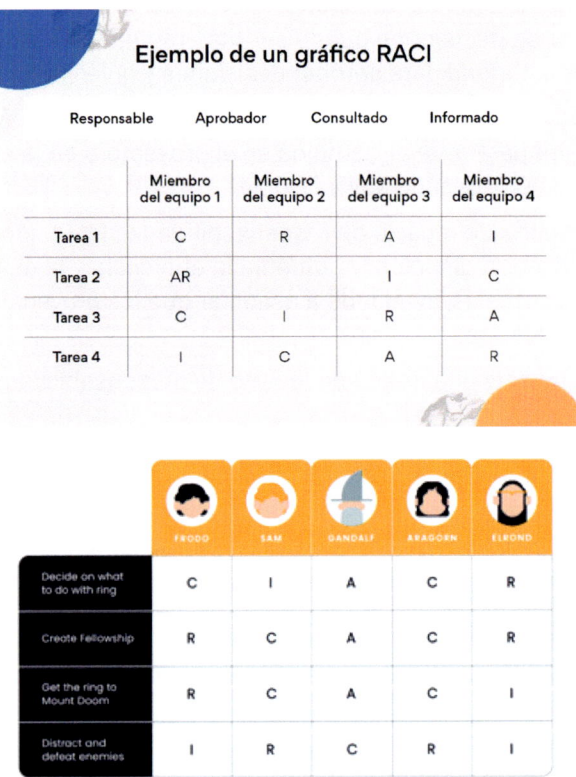

Figura 1.7. Ejemplo de un gráfico RACI.

> **Resumen:**
>
> Una matriz de reparto de responsabilidades es una herramienta esencial para definir y asignar roles y responsabilidades en equipos virtuales. Proporciona claridad y eficiencia en la toma de decisiones, lo que es crucial para la colaboración efectiva en entornos virtuales.

1.3. Funcionamiento del grupo de trabajo

En esta sección, se explorará cómo un grupo de trabajo en un entorno virtual puede funcionar de manera eficiente.

Se discutirán temas como la programación de reuniones virtuales, la gestión de proyectos a distancia y la colaboración en línea efectiva. Se destacarán las herramientas y prácticas recomendadas para mejorar la productividad del equipo.

El funcionamiento eficiente de un grupo de trabajo en un entorno virtual es esencial para lograr resultados exitosos. Por ello, vamos a tener en cuenta los siguientes aspectos:

Programación de reuniones virtuales:

Para la programación de reuniones virtuales, hay varios aspectos importantes que se deben considerar para asegurar que las reuniones sean efectivas, eficientes y productivas.

Los principales son:

1. **Objetivo claro:** definir el propósito de la reunión claramente y comunicarlo a todos los participantes. Asegurarse de que todos sepan qué se espera lograr.

2. **Agenda detallada:** preparar y distribuir una agenda con anticipación. Incluir los temas que se van a tratar, el tiempo asignado para cada uno y los responsables de cada punto.

3. **Elección de la plataforma:** seleccionar una plataforma de videoconferencia adecuada (como Zoom, Microsoft Teams, Google Meet, etc.) y asegurar que todos los participantes estén familiarizados con su uso.

4. **Horarios convenientes:** programar la reunión en un horario que sea conveniente para todos los participantes, teniendo en cuenta las diferentes zonas horarias si es necesario. Usar herramientas como Doodle* o World Time Buddy para encontrar el mejor horario.

5. **Preparación técnica:** asegurar de que todos los participantes tengan acceso a una conexión de internet estable, micrófonos y cámaras funcionando correctamente. Realizar pruebas técnicas antes de la reunión si es necesario.

6. **Invitaciones y recordatorios:** enviar invitaciones con suficiente antelación y establece recordatorios automáticos. Incluir todos los detalles necesarios como el enlace de la reunión, la agenda y los documentos relevantes.

7. **Documentos y materiales:** compartir cualquier documento o material relevante antes de la reunión para que los participantes puedan revisarlo con anticipación. Utilizar plataformas de colaboración como Google Drive o Dropbox.

8. **Roles y responsabilidades:** asignar roles claros para la reunión, como moderador, tomador de notas y responsable del tiempo. Esto ayuda a mantener la reunión organizada y en el camino correcto.

9. **Puntualidad:** comenzar y terminar la reunión a tiempo. Respetar el horario establecido para demostrar consideración por el tiempo de los demás.

10. **Interactividad:** fomentar la participación activa y la interacción de todos los participantes. Usar herramientas de la plataforma (como encuestas, chats y reacciones) para mantener a todos comprometidos.

11. **Notas y seguimiento:** designar a alguien para tomar notas durante la reunión y distribuir un resumen con los puntos clave y las decisiones tomadas. Incluir acciones que se deben seguir y responsables de cada tarea.

12. **Grabación de la reunión:** considerar grabar la reunión (con el consentimiento de los participantes) para que pueda ser revisada más tarde por aquellos que no pudieron asistir o para referencia futura.

13. **Ambiente libre de distracciones:** asegurar que todos los participantes estén en un ambiente libre de distracciones. Pedir que apaguen notificaciones y minimicen interrupciones durante la reunión.

14. **Política de micrófonos:** implementar una política de micrófonos, como mantener los micrófonos silenciados cuando no se está hablando, para reducir el ruido de fondo y las interrupciones.

15. **Revisión y mejora:** después de la reunión, recopilar comentarios de los participantes sobre lo que funcionó bien y lo que podría mejorarse para futuras reuniones.

Al seguir estos aspectos, se pueden programar y llevar a cabo reuniones virtuales que sean organizadas, productivas y eficaces, asegurando que se cumplan los objetivos de la reunión y se aproveche al máximo el tiempo de todos los participantes.

* ¿Qué es Doodle?

Doodle es una plataforma de programación en línea que facilita la coordinación de actividades en grupo. Se pueden crear encuestas, conocer la disponibilidad de los participantes, conectar calendarios virtuales y activar recordatorios.

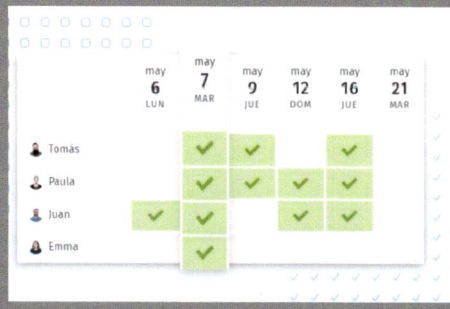

Figura 1.8. Interfaz de Doodle.

Gestión de proyectos a distancia:

La gestión de proyectos es fundamental para el logro de objetivos en equipos virtuales. Exploraremos los siguientes puntos:

- Herramientas de gestión de proyectos en línea: introducción a herramientas como Trello, Asana o Microsoft Project para la planificación y el seguimiento de proyectos a distancia.

- Asignación de tareas y seguimiento: cómo asignar tareas de manera eficaz y realizar un seguimiento del progreso.

- Gestión del cronograma: la importancia de mantener un cronograma actualizado y flexible para adaptarse a cambios y desafíos.

Colaboración en línea efectiva:

La colaboración en línea es el corazón de los equipos virtuales. Aquí se abren numerosas oportunidades que de manera presencial tardaríamos muchísimo tiempo. Podemos ver, colaborar y aprender de muchos y diferentes departamentos de una manera más eficaz y rápida. Para ello, tendremos en cuenta:

- Uso de plataformas de colaboración: introducción a herramientas como Google Workspace, Microsoft Teams o Slack para facilitar la colaboración en tiempo real.

- Gestión documental compartida: prácticas para compartir, editar y colaborar en documentos en la nube de manera eficaz. Conocer aplicaciones que permitan enviar archivos de peso con seguridad como Dropbox o WeTransfer.

- Comunicación y retroalimentación constante: importancia de mantener una comunicación abierta y proporcionar retroalimentación constructiva de manera regular. El líder tiene que proyectar y hacer saber a su equipo que está al cien por cien para cuando cada uno lo necesite. Al igual que se debe conocer el calendario de vacaciones y horario de cada miembro del equipo para saber con quién se cuenta cada día.

Herramientas y prácticas recomendadas:

- **Uso de calendarios compartidos:** utilización de calendarios compartidos para coordinar horarios y programar reuniones eficazmente.

  Características principales:

  - **Sincronización de horarios:** los calendarios compartidos permiten a los miembros del equipo ver fácilmente los horarios de los demás, lo que facilita la coordinación de reuniones y eventos.

  - **Programación eficiente:** al visualizar los horarios de todos en un solo lugar, es más fácil encontrar un horario que funcione para todos los participantes, reduciendo el tiempo dedicado a la programación de reuniones.

  - **Gestión de disponibilidad:** los calendarios compartidos muestran claramente cuándo están disponibles los miembros del equipo y cuándo están ocupados, lo que ayuda a evitar conflictos y sobreprogramación.

  - **Invitaciones automáticas:** al programar un evento en un calendario compartido, se pueden enviar automáticamente invitaciones a los participantes, lo que les permite aceptar o rechazar la invitación y agregar el evento a su propio calendario.

  - **Recordatorios automáticos:** los calendarios compartidos pueden enviar recordatorios automáticos a los participantes antes de un evento programado, lo que ayuda a garantizar que todos estén informados y preparados.

  - **Integración con correo electrónico:** muchos calendarios compartidos se integran con el correo electrónico, lo que facilita la creación de eventos a partir de mensajes de correo electrónico y la visualización de eventos en el calendario.

  - **Acceso remoto:** los calendarios compartidos pueden ser accesibles desde cualquier lugar con conexión a internet, lo que permite a los miembros del equipo ver y actualizar sus horarios desde cualquier dispositivo.

  - **Personalización:** los calendarios compartidos suelen permitir la personalización de colores, etiquetas y recordatorios, lo que ayuda a los usuarios a organizar y priorizar sus eventos y tareas.

  - **Colaboración:** al permitir que varios usuarios editen y actualicen el calendario compartido, estos facilitan la colaboración en la programación de eventos y la asignación de tareas.

- **Privacidad y control de permisos:** los calendarios compartidos suelen ofrecer opciones de privacidad y control de permisos, lo que permite a los usuarios decidir quién puede ver y editar su calendario.

■ **Prácticas de documentación:** para la gestión del trabajo de manera virtual, es fundamental implementar prácticas efectivas de documentación que faciliten la comunicación, la colaboración y la organización de información.

Algunas prácticas de documentación que puedes aplicar:

- **Centralización de documentos:** utilizar plataformas de almacenamiento en la nube como Google Drive, Dropbox o Microsoft OneDrive para almacenar todos los documentos relevantes de manera centralizada y accesible para todos los miembros del equipo.

- **Estructura de carpetas lógica:** organizar los documentos en estructuras de carpetas lógicas y consistentes para facilitar la navegación y búsqueda de información. Utilizar nombres descriptivos y categorías claras.

- **Documentación de procesos:** documentar los procesos operativos y procedimientos del equipo en manuales o documentos compartidos. Describir paso a paso cómo realizar diferentes tareas y asegurar que todos los miembros del equipo tengan acceso a esta documentación.

- **Diferentes versiones de documentos:** utilizar herramientas que permitan visualizar las diferentes versiones de documentos, como Google Docs o Microsoft Word con seguimiento de cambios, para llevar un registro de las modificaciones y permitir la colaboración en tiempo real.

- **Comentarios y notas:** fomentar la inclusión de comentarios y notas en los documentos compartidos para proporcionar contexto, aclaraciones o sugerencias sobre el contenido.

- **Seguimiento de decisiones:** registrar las decisiones tomadas durante las reuniones o discusiones en un documento compartido. Incluir detalles como el contexto, los participantes y las acciones que se deben seguir.

- **Calendario de eventos y plazos:** mantener un calendario compartido actualizado con fechas importantes, plazos de proyectos y eventos relevantes para que todos los miembros del equipo estén al tanto de los próximos hitos.

- **Registro de problemas y soluciones:** documentar los problemas encontrados y las soluciones implementadas durante el desarrollo de proyectos para futuras referencias y aprendizaje.

- **Listas de tareas y seguimiento:** utilizar herramientas de gestión de tareas como Trello, Asana o Microsoft Planner para crear listas de tareas, asignar responsables y realizar un seguimiento del progreso de las tareas.

- **Informe de estado y avance:** mantener un informe regular de estado y avance del proyecto que resuma las actividades realizadas, los hitos alcanzados, los problemas encontrados y los próximos pasos. Esto proporciona transparencia y mantiene a todos informados sobre el progreso del proyecto.

- **Formularios y encuestas:** utilizar formularios y encuestas en línea para recopilar retroalimentación, opiniones o información relevante de los miembros del equipo de manera estructurada.

- **Políticas de documentación:** establecer políticas y normas para la documentación, como la nomenclatura de archivos, la actualización regular de documentos y la gestión de permisos de acceso.

■ **Seguridad y protección de datos:** la seguridad y protección de datos en entornos virtuales de trabajo es una preocupación fundamental debido a la cantidad de información confidencial que se comparte y almacena en línea.

Algunos aspectos importantes que se deben considerar:

- **Cifrado de datos:** utilizar herramientas y servicios que cifren los datos en tránsito y en reposo para proteger la información confidencial contra accesos no autorizados.

- **Autenticación fuerte:** implementar métodos de autenticación fuerte, como contraseñas seguras, autenticación de dos factores (2FA) o autenticación biométrica, para proteger las cuentas y evitar el acceso no autorizado.

- **Gestión de acceso:** controlar y gestionar el acceso a los datos sensibles mediante la asignación de permisos y roles específicos a los usuarios. Limita el acceso solo a aquellos que necesitan la información para realizar sus tareas.

- **Actualizaciones y parches de seguridad:** mantener actualizados todos los programas, sistemas operativos y aplicaciones utilizados en el entorno virtual para protegerse contra vulnerabilidades conocidas y ataques de seguridad.

- **Concientización y formación:** educar a los empleados sobre las mejores prácticas de seguridad en línea, incluyendo como reconocer correos electrónicos de *phishing,* evitar la descarga de archivos maliciosos y proteger sus contraseñas.

- **Respaldo de datos:** realizar copias de seguridad regulares de todos los datos importantes y guardar las copias de seguridad en un lugar seguro y fuera del sitio para protegerse contra la pérdida de datos por accidente o ataques cibernéticos.

- **Políticas de seguridad:** establecer políticas de seguridad claras y robustas que aborden aspectos como el uso de contraseñas seguras, la protección de dispositivos y la gestión de acceso a la red.

– **Protección de dispositivos:** utilizar *software* antivirus y *antimalware* actualizado en todos los dispositivos de trabajo virtual y asegurarse de que los dispositivos estén protegidos por cortafuegos y otras medidas de seguridad.

– **Seguridad en la nube:** si se utilizan servicios en la nube para almacenar datos, elegir proveedores de confianza que ofrezcan altos estándares de seguridad y cumplan con regulaciones de privacidad como GDPR o HIPAA.

– **Auditorías y supervisión:** realizar auditorías periódicas de seguridad y supervisión de actividades para identificar y responder rápidamente a cualquier anomalía o actividad sospechosa en el entorno virtual.

– **Cumplimiento legal:** asegurarse de cumplir con todas las regulaciones y leyes de protección de datos aplicables en tu región, como RGPD en Europa o CCPA en California, y tomar las medidas necesarias para proteger la privacidad de los datos de los usuarios.

> **Resumen:**
> El funcionamiento eficiente de un grupo de trabajo en un entorno virtual requiere una planificación cuidadosa, gestión de proyectos efectiva y colaboración en línea que fomente la productividad. Al comprender y aplicar estas prácticas y herramientas, los equipos virtuales pueden trabajar de manera efectiva y alcanzar sus metas de manera exitosa.

1.4. Habilidades interpersonales

El liderazgo es fundamental para lograr la transformación de una organización cien por cien presencial a una organización adaptada a puestos digitales. Para la organización y sus líderes, esto implica evolucionar en tres direcciones de transformación diferentes:

■ Transformación COGNITIVA: los líderes necesitan pensar diferente.

■ Transformación CONDUCTUAL: los líderes necesitan actuar diferente.

■ Transformación EMOCIONAL: los líderes necesitan reaccionar diferente.

Los líderes necesitan pensar, actuar y reaccionar de manera diferente para que sus organizaciones tengan éxito en un mundo digital.

Este apartado se centrará en las habilidades necesarias para mantener relaciones efectivas entre los miembros del equipo en un entorno virtual. Se abordarán temas como la comunicación, la empatía, la resolución de conflictos y la construcción de relaciones positivas a distancia.

Las habilidades interpersonales son fundamentales en cualquier entorno de trabajo, y los equipos virtuales no son una excepción. En esta sección, exploraremos la importancia de desarrollar habilidades interpersonales sólidas para liderar y formar parte de equipos virtuales efectivos.

La transformación digital es una responsabilidad compartida, pero es sobre todo responsabilidad de los equipos directivos adquirir un fuerte compromiso de impulsar el desarrollo interno de la cultura digital y de todas las competencias que se necesiten.

El desafío digital exige a las organizaciones el desarrollo de una nueva cultura empresarial soportada sobre un conjunto de nuevas competencias que se desarrollan a través de la colaboración y la construcción de redes.

Las tres competencias principales son:

1. **Gestión de la información**: capacidad para buscar, seleccionar, organizar y compartir información en contextos digitales. Implica lo siguiente:

   - Saber navegar por internet para acceder a información y recursos.
   - Realizar búsquedas eficientes que permitan obtener la información buscada en tiempo rápido.
   - Obtener información en tiempo real y actualizado.
   - Suscribirse a contenidos relevantes para sus objetivos y proyectos y monitorizar la red.
   - Guardar y almacenar de manera organizada la información digital para poder enviarla.
   - Localizar nuevas fuentes de información.

2. **Comunicación digital:** capacidad de comunicar y relacionarse en entornos virtuales con herramientas digitales. Implica:

   - Comunicarse de forma eficiente de manera asíncrona.
   - Comunicarse de forma eficaz y productiva con sus colaboradores utilizando medios digitales.
   - Comunicarse de forma eficiente de manera síncrona *online*.
   - Generar contenido de valor y tener opiniones que ayudan a generar debate.
   - Participar proactivamente en entornos digitales, redes sociales y espacios colaborativos *online*.
   - Establecer relaciones y contactos profesionales.

3. **Trabajo colaborativo:** capacidad para trabajar, colaborar y cooperar en entornos digitales. Implica:

   - Trabajar en procesos, tareas y objetivos compartidos con medios digitales.

- Producir documentos colaborativos digitales.

- Comunicase, utilizando medios digitales, de forma eficaz y productiva con sus colaboradores.

- Coordinarse y trabajar en equipo en entornos y con herramientas digitales.

- Gestionar usando medios digitales, de forma eficiente, el tiempo y los recursos humanos asignados.

- Desarrollar e implementar estrategias personales y organizacionales para el trabajo colaborativo.

Conceptos a los que prestar atención como habilidades interpersonales

Para cada una de las siguientes habilidades, se requerirá formación continua para proporcionar capacitación y recursos y mejorar constantemente en cada una de ellas.

- Comunicación asertiva: la importancia de expresar opiniones y deseos de manera clara, pero respetuosa.

- Comunicación en equipos culturalmente diversos: en equipos virtuales, es común trabajar con personas de diversas culturas.

- Escucha activa: cómo mejorar la escucha para comprender mejor a los demás y responder de manera adecuada.

- Comunicación no verbal en línea: cómo interpretar y utilizar señales no verbales en entornos virtuales.

- Empatía y relaciones positivas: la empatía es fundamental para construir relaciones positivas; cómo entender y compartir las emociones y perspectivas de los demás en equipos virtuales.

- Construcción de relaciones de confianza: estrategias para crear relaciones de trabajo sólidas a pesar de las distancias geográficas.

- Reconocimiento y celebración de logros: cómo mostrar aprecio y celebrar éxitos en equipos virtuales.

- Identificación y resolución de conflictos: la resolución de conflictos es esencial en cualquier equipo. Cómo reconocer conflictos potenciales o existentes en equipos virtuales; estrategias para abordar conflictos de manera efectiva y llegar a soluciones.

- Mantener un ambiente constructivo: cómo promover la colaboración y minimizar los conflictos.

- Adaptabilidad cultural: cómo adaptarse a diferentes estilos de comunicación y trabajo.

- Establecer normas de comunicación: crear y acordar normas de comunicación claras en el equipo.

- *Feedback* continuo: fomentar la retroalimentación constante para mejorar la comunicación y las relaciones.

Resumen:

Las habilidades interpersonales son esenciales para el éxito en equipos virtuales. Al desarrollar la comunicación efectiva, la empatía, la resolución de conflictos y la adaptabilidad cultural, los líderes y miembros del equipo pueden fortalecer las relaciones y promover un ambiente de trabajo positivo y productivo en línea.

1.5. Habilidades personales

En esta sección, se explorarán las habilidades personales que los líderes y miembros del equipo deben desarrollar para tener éxito en entornos virtuales. Esto podría incluir la gestión del tiempo, la autorregulación, la adaptabilidad y la capacidad de mantener la motivación y la concentración en un entorno remoto.

Las habilidades personales, también conocidas como habilidades blandas o habilidades emocionales, son cruciales para el éxito en equipos virtuales. En esta sección, exploraremos cómo desarrollar habilidades personales que permitan a los líderes y miembros del equipo prosperar en entornos virtuales. Abordaremos temas clave como la gestión del tiempo, la autorregulación, la adaptabilidad y la motivación en contextos a distancia.

1.5.1. Gestión del tiempo y productividad orientada a resultados

La gestión eficaz del tiempo es esencial en equipos virtuales, donde la autonomía es común. La gestión del tiempo tiene mucho que ver con la orientación a resultados y optimización de tareas. Un buen líder establecerá los objetivos que desea que logre su equipo y se orientará hacia la persona para que los pueda conseguir. También deberá dejar claros los límites en los que debe actuar la persona y darles el espacio para continuar con el trabajo sin interrupciones innecesarias.

Para ser eficaz, el líder debe estar enfocado en los resultados y objetivo final en lugar de centrarse en cada tarea en individual y el proceso. Debe dejar que cada miembro tenga autonomía para tomar decisiones y que no dependan del líder constantemente.

Cuando un líder trabaja con su equipo en un modelo de teletrabajo, la gestión del tiempo y la productividad orientada a resultados adquiere una importancia aún mayor.

Aquí hay algunas formas en que un líder puede abordar estos aspectos de manera efectiva:

1. **Establecer expectativas claras:** el líder debe comunicar claramente las expectativas en cuanto a horarios de trabajo, disponibilidad y resultados esperados. Esto ayuda a alinear las metas del equipo y a establecer un marco claro para la gestión del tiempo y la productividad.

2. **Definir objetivos medibles:** trabajar con el equipo para establecer objetivos claros y medibles es fundamental. Estos objetivos deben ser específicos, alcanzables, relevantes y con plazos definidos (SMART), lo que proporciona una guía clara sobre qué resultados se deben lograr y en qué plazos.

3. **Facilitar la autonomía y la autogestión:** fomentar la autonomía y la autogestión en el equipo permite a los miembros del equipo tomar responsabilidad por su propio trabajo y tomar decisiones sobre cómo gestionar su tiempo de manera más eficiente.

4. **Promover la comunicación abierta y frecuente:** mantener una comunicación abierta y frecuente es esencial para asegurar que todos estén alineados en los objetivos del equipo y para identificar y abordar cualquier problema o desafío de manera oportuna.

5. **Utilizar herramientas de colaboración y gestión del proyecto:** implementar herramientas de colaboración y gestión del proyecto, como Trello, Asana o Microsoft Teams, puede ayudar al equipo a organizar tareas, asignar responsabilidades y hacer un seguimiento del progreso de manera eficiente.

6. **Establecer rutinas y horarios flexibles:** permitir cierta flexibilidad en los horarios de trabajo puede ayudar a los miembros del equipo a gestionar su tiempo de manera más efectiva, siempre y cuando se cumpla con los plazos y resultados esperados.

7. **Promover el equilibrio entre trabajo y vida personal:** fomentar un equilibrio saludable entre trabajo y vida personal es importante para evitar el agotamiento y mejorar la productividad a largo plazo. El líder puede establecer el ejemplo al respetar los horarios de trabajo y alentar al equipo a desconectar fuera del horario laboral.

8. **Realizar revisiones periódicas del desempeño:** programar revisiones periódicas del desempeño permite al líder y al equipo evaluar el progreso hacia los objetivos, identificar áreas de mejora y brindar retroalimentación constructiva.

9. **Celebrar logros y reconocer el trabajo duro:** reconocer y celebrar los logros del equipo es importante para mantener la moral alta y motivar a los miembros del equipo a seguir esforzándose por alcanzar resultados sobresalientes.

10. **Fomentar el desarrollo profesional:** proporcionar oportunidades de desarrollo profesional y capacitación ayuda a mantener al equipo comprometido y

motivado, y les permite adquirir nuevas habilidades que pueden mejorar su desempeño y productividad.

En conclusión, un líder debe prestar especial atención a:

- Planificación y priorización: cómo establecer objetivos claros y priorizar tareas de manera efectiva.

- Técnicas de gestión del tiempo: estrategias para evitar la procrastinación y maximizar la productividad.

- Equilibrio entre el trabajo y la vida personal: cómo mantener un equilibrio saludable en un entorno virtual.

- Orientación a resultado final.

Figura 1.9. Reuniones de equipo.

1.5.2. Gestor de la confianza y motivación

Generar confianza dentro de un equipo puede ser difícil y esto es especialmente complejo para los equipos virtuales donde se reducen las interacciones y oportunidades habituales para que se desarrolle la confianza.

La confianza es un aspecto clave para garantizar relaciones efectivas dentro de su equipo virtual. Los miembros del personal deben sentir que pueden confiar en su gerente y esto debe ser recíproco. Para ello, debemos trabajar en tres líneas desde el comienzo:

- Control de distracciones: estrategias para evitar distracciones en un entorno virtual y mantener el enfoque en las tareas.

- Autocontrol emocional: cómo manejar el estrés, la ansiedad y otras emociones en contextos virtuales.

- Fomentar la automotivación: técnicas para mantenerse motivado y comprometido en proyectos a distancia.

En todas ellas, el líder debe realizar un sobreesfuerzo en conocer a su equipo de manera individual, conocer cómo es cada miembro, lo que les motiva, lo que se les da bien, lo que les activa, etcétera.

No hay que desanimarse si la confianza no parece desarrollarse de inmediato en el total del equipo. Esto puede conllevar mucho tiempo, incluso para los equipos que trabajan de manera presencial, por lo que para los equipos que trabajan en el entorno virtual, puede conllevar mucho más. Simplemente hay que centrarse en continuar brindando oportunidades para que el equipo interactúe y con el tiempo se obtendrán los resultados.

En resumen, un líder que desea desarrollar confianza con su equipo en un entorno de teletrabajo debe centrarse en mantener una comunicación abierta y transparente, escuchando activamente las preocupaciones y sugerencias de los miembros del equipo y mostrando empatía ante las dificultades que puedan surgir.

Es crucial proporcionar autonomía para que los empleados gestionen sus tareas, al mismo tiempo que se ofrece el apoyo y los recursos necesarios sin caer en la microgestión.

Utilizar herramientas de colaboración en línea y fomentar proyectos conjuntos puede mejorar la cohesión y el trabajo en equipo. Reconocer y celebrar los logros, así como agradecer y valorar las contribuciones de todos, fortalece la moral del equipo. Establecer expectativas claras y alcanzables y promover un equilibrio saludable entre vida y trabajo ayuda a mantener la motivación y el bienestar de los empleados. Además, ofrecer oportunidades de desarrollo profesional y actuar como mentor impulsa el crecimiento personal y profesional.

Mantener la consistencia y coherencia en la comunicación y en la aplicación de políticas, cumplir con las promesas y crear un espacio seguro para expresar ideas y resolver conflictos de manera justa son fundamentales para construir y mantener la confianza.

1.5.3. Adaptabilidad y flexibilidad

La adaptabilidad es esencial en equipos virtuales que a menudo se enfrentan a cambios rápidos. El buen estratega estará al tanto de los cambios en los productos o servicios que surjan, lo que está sucediendo desde la perspectiva de un departamento, el desempeño financiero de la organización, las variaciones en los requisitos de los clientes, los cambios en la industria y la forma en que todo esto afecta a su equipo.

Debemos trabajar desde el inicio con todos los miembros del equipo:

■ Resistencia al cambio: cómo desarrollar la capacidad de adaptarse a nuevas circunstancias y desafíos.

■ Aprendizaje continuo: la importancia de mantenerse actualizado y adquirir nuevas habilidades mediante formación constante.

■ Flexibilidad en la comunicación y colaboración: cómo adaptarse a diferentes estilos de trabajo y comunicación.

■ Promover el uso de herramientas dentro del equipo y destacar de manera constante sus beneficios y ahorro en coste.

■ Conocer los conocimientos de cada miembro: para poder cambiar y adaptar tareas a un nuevo reparto si vemos que alguien del equipo las está retrasando por algún motivo.

1.5.4. Organización y control

Los líderes virtuales de los departamentos tienen el deber de tratar de desarrollar conexiones que proporcionen a su equipo contactos y apoyo de recursos que les ayude a alcanzar sus objetivos. Esto significa crear asociaciones, desarrollar una red sólida y fortalecer los vínculos dentro de la organización y fuera de ella siempre que sea posible. Conocer a alguien que puede solucionar una dificultad que surge puede ser un salvavidas par un miembro del equipo que no tiene la capacidad de crear vínculos.

Hay que recordar:

■ Planificación del día: estrategias para planificar y organizar el trabajo diario de manera eficiente.

■ Establecimiento de metas personales: cómo definir metas personales para mantener la motivación y la dirección.

■ Autocuidado: la importancia de cuidar la salud física y mental en un entorno virtual.

1.5.5. *Coach*

Un buen líder se centrará en el desarrollo y la progresión de los miembros de su equipo.

El objetivo debe ser ayudar a los miembros del equipo a trabajar de manera efectiva, desarrollar competencias, desarrollar y aplicar sus habilidades mientras aprende de sus errores.

El líder, como entrenador, deberá proporcionar apoyo en el desarrollo técnico, habilidades empresariales y prácticas interpersonales tanto para el equipo como para las personas que lo integran.

Es posible que el *coaching,* o acompañamiento de equipo, consuma la mayor parte del tiempo en los líderes y que, como parte de un proceso de gestión del rendimiento o como un enfoque más general, el *coaching* y el desarrollo sean uno de los instrumentos clave de la progresión del equipo y el rendimiento individual.

Algunos de los rasgos del líder como entrenador en un equipo virtual son:

- Promover técnicas de resolución de problemas y autonomía haciendo preguntas en lugar de dar respuestas.

- Brindar oportunidades para que los miembros del equipo se comuniquen y trabajen juntos para resolver problemas.

- Facilitar oportunidades de capacitación y desarrollo y tiempo para llevarlos a cabo.

- Manejar el desempeño de los miembros del equipo de manera efectiva.

- Proporcionar comentarios efectivos y también estar abierto a comentarios personales.

- Buscar oportunidades para que los miembros del equipo se desarrollen y progresen.

¿A qué retos se enfrenta el líder en su papel de *coach* de su equipo?

El líder de un equipo que asume el rol de *coach* enfrenta varios retos significativos, cada uno de los cuales es crucial para el éxito del equipo y su desarrollo.

Uno de los mayores desafíos es equilibrar el liderazgo con la autonomía, ya que debe guiar y apoyar a los miembros del equipo sin caer en la microgestión, permitiéndoles suficiente libertad para desarrollar sus habilidades y tomar decisiones. Fomentar la confianza y la apertura también es un reto, ya que el líder-*coach* debe crear un ambiente donde los empleados se sientan seguros para expresar sus ideas, dudas y preocupaciones sin temor a represalias.

Personalizar el enfoque de *coaching* es otro desafío, dado que cada miembro del equipo tiene diferentes fortalezas, debilidades y estilos de aprendizaje, lo que requiere una atención individualizada y adaptable.

Mantener la motivación y el compromiso en el equipo puede ser difícil, especialmente en situaciones de alta presión o durante periodos prolongados de trabajo remoto. El líder-*coach* debe encontrar maneras de inspirar y motivar a su equipo, proporcionando *feedback* constructivo y reconocimiento regular. Además, desarrollar habilidades de escucha activa y empatía es crucial, ya que comprender verdaderamente las necesidades y perspectivas de los miembros del equipo es fundamental para brindar un apoyo efectivo.

Otro reto es gestionar el cambio y la resistencia: los líderes-*coaches* a menudo deben ayudar a sus equipos a navegar por cambios organizacionales, tecnológicos o de mercado, lo que puede ser estresante y puede llevar a encontrar resistencia por parte de algunos miembros del equipo. Equilibrar el desarrollo a corto y largo plazo también es una tarea desafiante, ya que el líder-*coach* debe ayudar a los empleados a alcanzar objetivos inmediatos mientras invierte en su desarrollo profesional a largo plazo.

Por último, medir el impacto del *coaching* puede ser complicado, ya que los beneficios del *coaching* a menudo son intangibles y pueden tardar en manifestarse. El líder-*coach* debe encontrar formas efectivas de evaluar el progreso y ajustar sus métodos para asegurar que están teniendo el impacto deseado. En resumen, el líder-*coach* debe ser un maestro en el arte de equilibrar, comunicarse y adaptarse para guiar a su equipo hacia el éxito y el desarrollo continuo.

Resumen:

Las habilidades personales son fundamentales para sobresalir en equipos virtuales. Al desarrollar la gestión del tiempo, la autorregulación, la adaptabilidad y la motivación personal, los miembros del equipo pueden ser más eficientes y efectivos en entornos de trabajo remotos, lo que conduce a un mayor éxito individual y colectivo.

ACTIVIDADES FINALES

CUESTIONARIO DE AUTOEVALUACIÓN

1.1. ¿Cuál es la primera fase en la construcción de un equipo?

a) La delegación de tareas

b) La formación del equipo

c) La evaluación de desempeño

1.2. ¿Cuál es la clave para un equipo exitoso?

a) Una fuerte competencia interna

b) Una comunicación abierta y clara

c) La ausencia de conflictos

1.3. ¿Qué son las habilidades técnicas?

a) Capacidades relacionadas con la gestión de tiempo

b) Competencias específicas relacionadas con el uso de herramientas y conocimientos técnicos

c) Habilidades para la resolución de conflictos

1.4. ¿Cuál es un ejemplo de habilidad técnica en un equipo de desarrollo de *software*?

a) La empatía

b) La programación en lenguajes específicos

c) La negociación

1.5. ¿Qué es una matriz de reparto de responsabilidades?

a) Un diagrama que muestra las jerarquías del equipo

b) Una herramienta para asignar y clarificar las responsabilidades y roles de cada miembro del equipo

c) Un calendario de reuniones

1.6. ¿Cuál es el principal beneficio de una matriz de reparto de responsabilidades?

a) Aumenta la competencia entre los miembros del equipo

b) Clarifica los roles y responsabilidades, evitando la duplicidad de esfuerzos

c) Reduce la necesidad de comunicación dentro del equipo

1.7. ¿Cuál es un factor clave para el funcionamiento efectivo de un grupo de trabajo?

a) La diversidad de habilidades y personalidades

b) La rigidez en las tareas asignadas

c) La falta de comunicación entre los miembros

1.8. **¿Qué puede ayudar a mejorar el funcionamiento de un grupo de trabajo?**

    a) Evitar reuniones regulares

    b) Establecer objetivos claros y alcanzables

    c) Delegar todas las decisiones al líder del equipo

1.9. **¿Qué son las habilidades interpersonales?**

    a) Técnicas para la gestión del tiempo

    b) Capacidades para interactuar eficazmente con otros

    c) Conocimientos específicos en un área técnica

1.10. **¿Cuál es una habilidad interpersonal importante para los líderes de equipo?**

    a) La capacidad de codificación

    b) La escucha activa

    c) La velocidad de trabajo

1.11. **¿Qué son las habilidades personales?**

    a) Competencias específicas para usar una herramienta

    b) Capacidades relacionadas con el desarrollo personal y la autogestión

    c) Técnicas de *marketing*

1.12. **¿Cuál es una habilidad personal clave para un líder efectivo?**

    a) La capacidad de microgestionar

    b) La autodisciplina

    c) La habilidad para evitar conflictos

1.13. **¿Qué aspecto es esencial para construir un equipo sólido?**

    a) La competencia feroz entre los miembros

    b) La confianza mutua y la cooperación

    c) La centralización de todas las decisiones en el líder

1.14. **¿Por qué es importante tener habilidades técnicas y personales en un equipo?**

    a) Porque asegura que todos los miembros tienen las mismas habilidades

    b) Porque equilibra la ejecución de tareas técnicas con el desarrollo personal

    c) Porque elimina la necesidad de formación continua

1.15. **¿Qué impacto tiene una buena matriz de reparto de responsabilidades en un equipo?**

    a) Incrementa la carga de trabajo para todos los miembros

    b) Facilita la identificación de responsabilidades y mejora la eficiencia

    c) Reduce la necesidad de comunicación dentro del equipo

1.16. **¿Cuál es el papel de la comunicación en el funcionamiento de un grupo de trabajo?**

a) Es irrelevante para el éxito del equipo

b) Es fundamental para la coordinación y la resolución de problemas

c) Debe ser mínima para evitar distracciones

1.17. **¿Cómo contribuyen las habilidades interpersonales al éxito de un equipo?**

a) Crean conflictos innecesarios

b) Fomentan una colaboración efectiva y un ambiente de trabajo positivo

c) Son menos importantes que las habilidades técnicas

1.18. **¿Cuál es una práctica importante para mejorar las habilidades personales en un entorno de trabajo?**

a) Evitar la formación y el desarrollo personal

b) Establecer metas personales claras y trabajar en la autogestión

c) Centrarse únicamente en las tareas asignadas

1.19. **¿Qué es esencial para que un líder-*coach* gestione bien su tiempo y productividad?**

a) Centrarse exclusivamente en las tareas del equipo

b) Delegar responsabilidades y fomentar la autogestión en su equipo

c) Hacer todo el trabajo por sí mismo

1.20. **¿Cómo puede un líder fomentar la confianza en un entorno de teletrabajo?**

a) Manteniendo toda la comunicación en secreto

b) Practicando la transparencia y la comunicación abierta

c) Ignorando las preocupaciones de los miembros del equipo

Dirigir equipos virtuales

En este módulo, estudiaremos todas las ventajas que conlleva trabajar en entornos virtuales y, a su vez, repasaremos todos los retos que existen y cómo trabajarlos para conseguir superarlos.

Existen muchos modelos teóricos que nos explican cómo crear y desarrollar equipos para convertirlos en equipos de alto rendimiento. Un común denominador de todos ellos es que los equipos, para llegar a convertirse en uno de alto rendimiento, deben tener claridad respecto a sus objetivos y tener un alto conocimiento de las fortalezas y áreas de mejora de todos sus componentes. Además, deben establecer de forma clara cuáles son las «reglas del juego», es decir, cuáles son las responsabilidades de cada uno y cómo se van a tomar las decisiones en el equipo. Recientemente se han añadido alguna otra característica como, por ejemplo, la que establece que en los equipos debe existir seguridad psicológica.

Evidentemente estos aspectos son aplicables a los equipos virtuales y/o remotos, pero en estos casos, y sobre todo en esta situación en la que muchos equipos han devenido en equipos virtuales por primera vez, hay que concentrarse en dos elementos: alinear a los equipos para que entiendan bien cómo actuar en este nuevo escenario y mantener su compromiso.

Alinear significa dedicar algo de tiempo para establecer si van a cambiar los objetivos, las prioridades o el propósito del equipo. Significa también cómo se va a trabajar de forma conjunta en este escenario, o cómo cambian las rutinas según la situación de cada uno (tecnología, hijos pequeños o personas dependientes, situación de la pareja, etc.). Finalmente, alinear también respecto a los procesos de comunicación: reuniones, instrucciones, aprobaciones, etc. En este punto conviene establecer los medios para estas comunicaciones, teléfono, correo electrónico, otras herramientas colaborativas, videoconferencias, e incluso horarios o momentos de referencia preferentes. Hay que respetar y separar el tiempo de trabajo del tiempo de no trabajo con mayor cuidado que en una situación no virtual.

Mantener su compromiso significa establecer comunicaciones regulares individuales y del equipo para evitar el aislamiento. Por ejemplo, celebrando una reunión virtual diaria corta para arrancar el día o cerrarlo. También significa establecer mecanismos para reflexionar y compartir lo que nos funciona y lo que no nos funciona, por ejemplo, a través de una conversación virtual semanal. Finalmente, significa estar al tanto de cómo está la carga de trabajo de cada miembro del equipo en este nuevo escenario para tratar de equilibrarla, y ser especialmente cuidadoso con el reconocimiento de los logros y de las aportaciones que cada uno esté haciendo.

2.1. Tomar conciencia

La gestión de equipos virtuales es una habilidad esencial en el entorno de trabajo actual. Para tener éxito en esta tarea, es crucial comenzar por «tomar conciencia».

Esto implica comprender y apreciar los desafíos únicos y las oportunidades que presenta el liderazgo en equipos virtuales.

En este apartado, exploraremos por qué la toma de conciencia es el primer paso hacia un liderazgo efectivo en entornos virtuales.

2.1.1. Desafíos únicos

El entorno VUCA es un reflejo del mundo en el que vivimos aplicado al ámbito empresarial. Este concepto está formado por las siglas en inglés:

■ Volatilidad (*volatility*): está íntimamente relacionada con la naturaleza y su dinámica siempre cambiante. Aquí hablamos también de la velocidad a la que se dan estos cambios y la escasez de procesos estáticos que nos brinden estabilidad. La sociedad está en continua ebullición y, por tanto, las empresas no pueden parar de evolucionar. También se refiere a la inestabilidad de los mercados provocada por la globalización, la transformación digital y otras disrupciones generales que afectan al modelo de negocio tradicional.

■ Incertidumbre (*uncertainty*): hace referencia a la escasa previsibilidad con la que las empresas pueden enfrentarse al futuro. Las situaciones imprevistas son cada vez más comunes, lo que resta seguridad a la hora de construir planes estratégicos a largo plazo y deja a las empresas incapaces de adelantarse a grandes coyunturas sociales.

■ Complejidad (*complexity*): este nuevo mundo complejo hace que comprender las relaciones entre distintos miembros del equipo sea cada vez más difícil, convirtiendo la organización interna en un reto por sí misma.

■ Ambigüedad (*ambiguity*): esta ambigüedad en los entornos VUCA habla sobre la falta de claridad generalizada que provocan todos los factores anteriores. Esto provoca que ya no existan fórmulas establecidas para la solución de problemas típicos, sino que cada vez que se nos presente una adversidad o una oportunidad debemos estudiarla en detalle, conceptualizarla y, con precisión extrema, diseñar un plan de acción.

El entorno VUCA define las características del contexto actual en el que nada es similar al pasado, por lo que, los modelos de empresa tradicionales ya no pueden funcionar.

Otros motivos:

■ Distancias geográficas: la falta de interacción física puede dificultar la construcción de relaciones sólidas y la comunicación efectiva.

■ Diferencias culturales: en equipos virtuales, es común trabajar con personas de diversas culturas, lo que puede llevar a malentendidos y conflictos si no se maneja adecuadamente.

■ Gestión de tiempo y productividad: la autonomía de los miembros del equipo en entornos virtuales puede llevar a problemas de gestión del tiempo y productividad.

■ Comunicación efectiva: la comunicación en línea puede ser menos clara y propensa a malentendidos si no se aborda de manera efectiva.

2.1.2. Oportunidades y ventajas de los equipos virtuales

Además de los desafíos, es esencial reconocer las oportunidades y ventajas que brindan los equipos virtuales:

- **Acceso a talento global:** equipos virtuales permiten reclutar y trabajar con los mejores talentos a nivel mundial, sin restricciones geográficas.

- **Diversidad de perspectivas:** la diversidad cultural y de pensamiento en equipos internacionales puede enriquecer la creatividad, la innovación y la solución de problemas.

- **Flexibilidad de horarios:** la posibilidad de trabajar desde diferentes zonas horarias permite una mayor flexibilidad, lo que puede aumentar la productividad y el equilibrio entre la vida laboral y personal.

- **Reducción de costos operativos:** el trabajo virtual puede reducir los costos relacionados con oficinas físicas, como el alquiler, los servicios públicos y el mantenimiento.

- **Adaptabilidad y resiliencia:** equipos virtuales suelen ser más adaptables a cambios y crisis, como la necesidad de distanciamiento social durante pandemias.

- **Aumento de la satisfacción laboral:** la opción de trabajar desde casa puede mejorar la satisfacción laboral y la retención de empleados al ofrecer un mejor equilibrio entre la vida laboral y personal.

> **Resumen:**
> Tomar conciencia de los desafíos y oportunidades en la gestión de equipos virtuales es el primer paso hacia el liderazgo efectivo en entornos virtuales. Al reconocer y comprender estos factores, los líderes pueden desarrollar estrategias para maximizar las ventajas y superar los desafíos de liderar equipos virtuales.

2.2. Presencia social y calidad de la información

La presencia social y la calidad de la información son aspectos fundamentales en la gestión de equipos virtuales.

La presencia social se refiere a la sensación de conexión y comunidad en un equipo virtual, mientras que la calidad de la información se refiere a la relevancia y precisión de la información compartida.

Algunos puntos clave para trabajar la presencia social son los siguientes:

■ Construcción de relaciones: la formación de relaciones sólidas en equipos virtuales es fundamental para fomentar la confianza y la colaboración.

■ Comunicación abierta y frecuente: la comunicación regular y auténtica es esencial para mantener una fuerte presencia social.

■ Reconocimiento y celebración: reconocer los logros y celebrar los éxitos del equipo contribuye a un ambiente de trabajo positivo.

Calidad de la información en equipos virtuales: la calidad de la información se refiere a la precisión y relevancia de la información compartida en un equipo virtual. Algunos puntos clave incluyen:

■ Comunicación clara y estructurada: la información debe ser comunicada de manera clara y estructurada para evitar malentendidos.

■ Verificación de fuentes: asegurarse de que la información se origine en fuentes confiables y esté respaldada por datos precisos.

■ Relevancia y pertinencia: compartir información que sea relevante y pertinente para las tareas y objetivos del equipo.

Herramientas y prácticas recomendadas:

■ Plataformas de comunicación en línea: utilizar herramientas de comunicación en línea como chats y videoconferencias para fomentar la presencia social.

■ Políticas de comunicación: establecer políticas de comunicación claras que promuevan la calidad de la información y la presencia social.

■ Evaluación de la calidad de la información: fomentar la crítica y la evaluación de la calidad de la información compartida en el equipo.

Resumen:

■ La presencia social y la calidad de la información son aspectos esenciales para el liderazgo efectivo en equipos virtuales.

■ Al construir relaciones sólidas, promover la comunicación abierta y mantener la calidad de la información, los líderes pueden mejorar la eficacia y la cohesión del equipo virtual.

2.3. Terreno común

Establecer un «terreno común» es un componente esencial para el éxito de los equipos virtuales. Significa que los miembros del equipo deben compartir objetivos, valores y expectativas claras para colaborar de manera efectiva.

En este apartado, exploraremos por qué el terreno común es fundamental y cómo se puede lograr en equipos virtuales.

Compartir objetivos y visión:

Uno de los elementos clave del terreno común es asegurarse de que todos los miembros del equipo compartan una visión y objetivos comunes. Algunos puntos para considerar incluyen:

- Definición de objetivos comunes: establecer metas claras y compartidas para el equipo virtual.

- Comunicación de la visión: asegurarse de que todos comprendan y estén comprometidos con la visión del proyecto o la organización.

- Seguimiento de objetivos: implementar un sistema para rastrear el progreso hacia los objetivos comunes.

- Si fuera posible, construcción de los objetivos por todos los miembros del equipo para que los sientan suyos desde el primer momento y se consiga esa motivación y movilización hacia su consecución.

Establecer valores y normas compartidas:

El terreno común también implica que todos los miembros del equipo compartan valores y respeten normas comunes para todos. Algunos aspectos clave incluyen:

- Definición de valores del equipo: identificar los valores fundamentales que guiarán el comportamiento y la toma de decisiones en el equipo.

- Tener en cuenta, en la contratación de nuevos miembros del equipo, los valores que tiene la compañía y buscarlos en los candidatos. Será más sencillo explicarle a un nuevo miembro los valores de empresa cuando los comparte él/ella.

- Creación de normas de colaboración: establecer reglas y normas para la colaboración y la comunicación en el equipo virtual.

- Reforzar la cultura del equipo: fomentar la adhesión a los valores y normas a lo largo del tiempo.

Garantizar la transparencia:

La transparencia es esencial para construir un terreno común sólido en cquipos virtuales. Debemos poder hablar de todas las áreas de empresa sin ocultar nada. Para conseguirlo, algunos aspectos clave serán:

- Comunicación abierta: fomentar la comunicación abierta y la disposición a compartir información relevante.

- Reconocer divergencias: abordar las diferencias de opinión y trabajar para encontrar soluciones que satisfagan a todos.

- Responsabilidad compartida: hacer que todos los miembros del equipo se sientan responsables de contribuir al terreno común.

- Realizar reuniones colectivas e individuales donde el líder fomente hablar de todos los temas que crea que son importantes para sus miembros, de los más globales a los más sensibles, demostrando transparencia.

Herramientas y prácticas recomendadas:

- Reuniones regulares: programar reuniones periódicas para mantener a todos los miembros del equipo alineados con los objetivos y valores comunes.

- Plataformas de colaboración: utilizar herramientas en línea que fomenten la colaboración y la comunicación efectiva.

- Encuestas y evaluaciones: recopilar retroalimentación de los miembros del equipo para evaluar la efectividad del terreno común.

Resumen:

El terreno común es esencial para la colaboración efectiva en equipos virtuales. Al compartir objetivos, valores y normas, los líderes y miembros del equipo pueden asegurarse de que todos trabajen en la misma dirección y aprovechen al máximo su potencial de colaboración.

2.4. El éxito de los entornos virtuales de aprendizaje

En un mundo cada vez más digital, los entornos virtuales de aprendizaje se han convertido en una herramienta poderosa para el desarrollo de equipos y la adquisición de habilidades. En este apartado, exploraremos cómo garantizar el éxito de los entornos virtuales de aprendizaje en la gestión de equipos virtuales.

Diseño de entornos virtuales efectivos:

Un entorno virtual de aprendizaje efectivo se basa en un diseño sólido. Una vez que la empresa haya consolidado su modelo de teletrabajo, resulta conveniente que formalice todos los procedimientos implantados a través de un documento que defina su política de teletrabajo. Ese documento debe tener un fin claro; por un lado, facilitar el conocimiento del teletrabajo a todos los miembros de la empresa y, por otro lado, favorecer la extensión y evolución de dicho modelo.

Este modelo de teletrabajo conllevará siempre asociado un modelo de aprendizaje continuo y virtual. Todos los miembros que componen la compañía deben estar en constante aprendizaje del sistema y herramientas que la compañía desee implementar y utilizar.

Algunos elementos clave que se deben considerar son:

- Contenido relevante: asegurarse de que el contenido de aprendizaje sea relevante para los objetivos del equipo y las necesidades individuales.

- Hacer accesible el aprendizaje de todas las herramientas que se quieran usar a todos los miembros.

- Programar un reciclaje de conocimiento sobre las herramientas que se están utilizando para asegurar conocimientos y recordar usos.

- Interactividad: fomentar la participación y la interacción de los miembros del equipo a través de actividades y discusiones en línea.

- Facilitación eficaz: contar con facilitadores competentes que guíen y apoyen a los participantes durante el proceso de aprendizaje.

Apoyo y recursos para el aprendizaje en línea:

El éxito de los entornos virtuales de aprendizaje depende en gran medida del acceso a los recursos y el apoyo adecuados. Generalmente, las empresas disponen de un apartado dentro de la web corporativa, o intranet, destinado a formación continua. En él hay, a disposición de todos los empleados, cursos clave para el uso de herramientas o desarrollo de competencias que se requieren para el desempeño del puesto.

Toda compañía debe garantizar para el éxito de sus componentes:

- Acceso a material de referencia: proporcionar acceso ilimitado a lecturas, vídeos y otros recursos que complementen el aprendizaje en línea.

- Soporte técnico: asegurar que los miembros del equipo tengan acceso a asistencia técnica en caso de problemas tecnológicos.

- Comunicación clara de expectativas: definir claramente las expectativas de los participantes, incluidos los plazos y las evaluaciones.

Evaluación y retroalimentación:

La evaluación continua y la retroalimentación son esenciales para medir el éxito de los entornos virtuales de aprendizaje. Todos los programas de teletrabajo pueden verse enriquecidos si se desarrolla un seguimiento sistemático y una evaluación del impacto sobre los participantes y sobre los objetivos que se marca la empresa para el proyecto.

Existen objetivos que pueden ser definidos a partir de indicadores claramente cuantificables y que resultan de fácil evaluación a partir de los registros administrativos habituales de la empresa. Algunos ejemplos pueden ser ahorro en los costes del espacio de oficina o las necesidades de aparcamiento, reducción del absentismo, reducción de la rotación del personal, mejora en la capacidad de contratar empleados o incrementar el acceso a nuevos mercados laborales, como puede ser el colectivo de personas con discapacidad o colectivo de personas que no tuvieran vehículo de desplazamiento propio para llegar a la compañía.

Por ende, los objetivos ligados a mejoras de la situación deben evaluarse a través de cuestionarios o encuestas dirigidos a los teletrabajadores y a sus responsables. Y posteriormente analizar los resultados para establecer planes de acción de manera ágil y rápida.

Estos cuestionarios tienen que abarcar todas las áreas de la compañía y, entre ellas, el área de aprendizaje continuo.

Herramientas y prácticas recomendadas con un ejemplo pueden ser las siguientes:

1. Evaluaciones de desempeño regulares

Ejemplo: Revisión trimestral de desempeño

- **Proceso:** el líder programa evaluaciones trimestrales formales con cada miembro del equipo.

- **Contenido:** se discuten los objetivos alcanzados, las áreas de mejora, y se establecen metas para el próximo trimestre.

- **Herramientas:** utilización de *software* de gestión de desempeño como Lattice o BambooHR para documentar y rastrear el progreso.

2. Retroalimentación continua

Ejemplo: *Check-ins* semanales

- **Proceso:** el líder organiza breves reuniones individuales o de equipo semanalmente para revisar el progreso y abordar cualquier problema.

- **Contenido:** se comentan los logros recientes, se resuelven obstáculos y se proporcionan comentarios constructivos en tiempo real.

- **Herramientas:** uso de herramientas como Slack o Microsoft Teams para agendar y llevar a cabo estas reuniones.

3. **Encuestas de retroalimentación 360 grados**

Ejemplo: Encuestas anuales de retroalimentación 360 grados

- **Proceso:** el líder recopila retroalimentación de colegas, subordinados y superiores sobre el desempeño de cada miembro del equipo.

- **Contenido:** se recogen opiniones sobre habilidades interpersonales, contribuciones al equipo y competencias técnicas.

- **Herramientas:** utilización de plataformas como SurveyMonkey o Qualtrics para realizar encuestas anónimas.

4. **Revisiones de proyectos**

Ejemplo: Evaluaciones posteriores a la finalización de un proyecto

- **Proceso:** tras la finalización de un proyecto, el líder organiza una reunión para evaluar el desempeño del equipo y el resultado del proyecto.

- **Contenido:** se analizan los éxitos y desafíos del proyecto, se discuten las lecciones aprendidas y se identifican áreas de mejora.

- **Herramientas:** uso de software de gestión de proyectos como Asana o Trello para revisar el progreso del proyecto y documentar la evaluación.

Figura 2.1. Encuesta de evaluación.

5. Retroalimentación instantánea

Ejemplo: Comentarios en tiempo real

- **Proceso:** el líder proporciona retroalimentación instantánea a través de herramientas de comunicación durante la realización de tareas.

- **Contenido:** comentarios breves y específicos sobre el trabajo realizado, destacando tanto lo positivo como las áreas que requieren ajuste inmediato.

- **Herramientas:** uso de aplicaciones como Slack o Google Workspace para enviar mensajes rápidos y específicos.

Figura 2.2. Comentarios en tiempo real.

6. Desarrollo personalizado

Ejemplo: Planes de desarrollo individual (PDI)

- **Proceso:** el líder trabaja con cada miembro del equipo para crear un PDI que se revisa y ajusta periódicamente.

- **Contenido:** el PDI incluye metas de desarrollo personal, cursos de capacitación recomendados, y objetivos de carrera a largo plazo.

- **Herramientas:** uso de plataformas de aprendizaje como LinkedIn Learning o Coursera para facilitar el acceso a recursos de desarrollo.

7. Reuniones de retroalimentación grupales

Ejemplo: Reuniones mensuales de retroalimentación del equipo

- **Proceso:** el líder organiza reuniones mensuales donde se revisa el desempeño del equipo en conjunto.

- **Contenido:** se discuten los logros del equipo, los desafíos enfrentados y las áreas de mejora colectiva.

- **Herramientas:** uso de videoconferencias a través de Zoom o Microsoft Teams para facilitar la participación de todos los miembros del equipo.

Figura 2.3. Retroalimentación en grupo.

8. Herramientas de autoevaluación

Ejemplo: Formularios de autoevaluación

- **Proceso:** los miembros del equipo completan formularios de autoevaluación periódicamente para reflexionar sobre su desempeño.

- **Contenido:** los formularios incluyen preguntas sobre logros, desafíos y áreas de desarrollo personal.

- **Herramientas:** utilización de Google Forms o Typeform para crear y distribuir los formularios de autoevaluación

Resumen:

El éxito de los entornos virtuales de aprendizaje es fundamental para el desarrollo y la adquisición de habilidades en equipos virtuales. Al diseñar los entornos efectivos, proporcionar el apoyo y los recursos adecuados y mantener un enfoque en la evaluación y la retroalimentación, los líderes pueden garantizar que el aprendizaje en línea sea una herramienta valiosa para el desarrollo del equipo.

ACTIVIDADES FINALES

CUESTIONARIO DE AUTOEVALUACIÓN

2.1. **¿Cuál es una habilidad crucial para dirigir equipos virtuales?**
- a) La capacidad de evitar el uso de tecnología
- b) La habilidad de comunicarse claramente y de manera efectiva
- c) La capacidad de trabajar en completa soledad

2.2. **¿Cuál es uno de los mayores desafíos al dirigir equipos virtuales?**
- a) La facilidad de evaluar el desempeño en persona
- b) La falta de interacción física y comunicación no verbal
- c) La reducción de costos operativos

2.3. **¿Qué significa tomar conciencia en la dirección de equipos virtuales?**
- a) Ignorar las diferencias culturales entre los miembros del equipo
- b) Entender y reconocer los desafíos y beneficios específicos del trabajo virtual
- c) Depender exclusivamente de la comunicación escrita

2.4. **¿Por qué es importante la autoconciencia para un líder de equipos virtuales?**
- a) Permite a los líderes hacer todas las decisiones sin consultar al equipo
- b) Ayuda a los líderes a entender cómo sus acciones y decisiones afectan al equipo
- c) Reduce el tiempo de respuesta en las comunicaciones virtuales

2.5. **¿Qué significa la presencia social en un entorno virtual?**
- a) La ausencia de interacción entre los miembros del equipo
- b) La sensación de conexión y pertenencia experimentada por los miembros del equipo
- c) La capacidad de controlar todos los aspectos del trabajo virtual

2.6. **¿Por qué es importante la calidad de la información en los equipos virtuales?**
- a) Para aumentar la confusión entre los miembros del equipo
- b) Para garantizar una comprensión clara y precisa de las tareas y expectativas
- c) Para limitar el acceso a la información solo a ciertos miembros del equipo

2.7. **¿Qué significa establecer un terreno común en un equipo virtual?**
- a) Ignorar las diferencias culturales y de opinión entre los miembros del equipo
- b) Establecer un conjunto compartido de valores, metas y normas de trabajo
- c) Permitir que cada miembro del equipo trabaje de manera independiente sin coordinación

2.8. **¿Cuál es un beneficio de tener un terreno común en equipos virtuales?**
- a) Aumenta los conflictos y la falta de colaboración
- b) Facilita la alineación de objetivos y la colaboración efectiva
- c) Reduce la necesidad de comunicación y coordinación

2.9. **¿Qué factores contribuyen al éxito de los entornos virtuales de aprendizaje?**

a) Falta de interacción entre instructores y estudiantes

b) Acceso a recursos de aprendizaje y tecnología adecuada

c) Dependencia exclusiva de métodos de enseñanza tradicionales

2.10. **¿Por qué es importante la interacción en los entornos virtuales de aprendizaje?**

a) Para aumentar la desconexión y el desinterés de los estudiantes

b) Para fomentar la participación, el compromiso y la comprensión del material

c) Para limitar el acceso a la información solo a ciertos estudiantes

2.11. **¿Cuál es uno de los principales desafíos al trabajar en un entorno virtual?**

a) La falta de acceso a la tecnología

b) La dificultad para mantener la comunicación efectiva y la conexión interpersonal

c) La reducción de costos operativos

2.12. **¿Qué puede dificultar la colaboración efectiva en equipos virtuales?**

a) La presencia física en la misma ubicación

b) La falta de herramientas tecnológicas avanzadas

c) La diferencia de horarios y culturas

2.13. **¿Cuál es una oportunidad clave al trabajar en un entorno virtual?**

a) La limitación de acceso a talento global

b) La flexibilidad de horarios y ubicación

c) La falta de diversidad cultural y de pensamiento

2.14. **¿Por qué trabajar en un entorno virtual puede aumentar la productividad?**

a) Porque limita la comunicación entre los miembros del equipo

b) Porque reduce las distracciones y el tiempo de desplazamiento

c) Porque aumenta la complejidad de las tareas asignadas

2.15. **¿Cuál es una ventaja clave de trabajar en un entorno virtual en términos de costos operativos?**

a) Aumento de los costos de mantenimiento de oficinas físicas

b) Reducción de los costos asociados con alquileres de oficinas y servicios públicos

c) Mayor necesidad de viajes y gastos de desplazamiento

2.16. **¿Cómo pueden los entornos virtuales contribuir a un mejor equilibrio entre la vida laboral y personal?**

a) Limitando la flexibilidad en los horarios de trabajo

b) Permitiendo a los empleados trabajar desde casa y gestionar su tiempo de manera más eficiente

c) Aumentando las horas de trabajo requeridas

2.17. **¿Qué característica es esencial para un líder en un entorno virtual?**

a) La capacidad de microgestionar a distancia

b) La habilidad para comunicarse claramente y mantener la conexión con el equipo

c) La falta de adaptabilidad al cambio tecnológico

2.18. **¿Por qué es importante la empatía para un líder en un entorno virtual?**

a) Porque permite al líder ignorar las necesidades y preocupaciones del equipo

b) Porque facilita la comprensión y el apoyo a los desafíos individuales de los miembros del equipo

c) Porque reduce la cohesión y la colaboración dentro del equipo

2.19. **¿Qué significa el acrónimo VUCA en el contexto empresarial?**

a) Variabilidad, uniformidad, conformidad, adaptabilidad

b) Volatilidad, incertidumbre, complejidad, ambigüedad

c) Valor, utilidad, competencia, ambición

2.20. **¿Por qué es importante para los líderes comprender y adaptarse a un entorno VUCA?**

a) Porque facilita la rigidez y la resistencia al cambio

b) Porque ayuda a anticipar y responder eficazmente a los desafíos y cambios rápidos en el entorno empresarial

c) Porque limita la necesidad de adaptación y aprendizaje continuo

La oficina virtual
y las relaciones virtuales

En este módulo, estudiaremos de manera más profunda, las diferentes herramientas que existen para abarcar todos los aspectos que un mánager y su equipo necesitan para controlar el estado de sus proyectos, evaluar sus resultados y comunicar todo ello de la manera más práctica y efectiva posible.

Contenido

3.1. Ventajas

3.2. Retos

3.3. Herramientas útiles

En la actualidad, la constante y acelerada evolución de las tecnologías de la información y las comunicaciones (TIC) está generando importantes transformaciones en los procesos de trabajo y en la gestión de los recursos humanos. En una economía globalizada, en la que cada día ganan más peso los empleos ligados a la generación, almacenamiento y procesamiento de la información y el conocimiento, las empresas se encuentran ante el reto de desarrollar nuevas formas de organización del trabajo que aumenten su productividad y mejoren la calidad de vida y de trabajo de sus empleados, potenciando así su competitividad.

En este contexto, se ha constatado que el teletrabajo constituye una medida de flexibilidad organizativa que genera aumentos en la productividad, facilita la conciliación de la vida laboral y personal, favorece la inclusión de colectivos en riesgo de exclusión del mercado de trabajo, contribuye a la cohesión territorial creando oportunidades de empleo en zonas rurales o deprimidas económicamente, y, al reducir los desplazamientos hacia el lugar de trabajo, beneficia al medioambiente.

Para acometer un cambio organizativo como el que supone el teletrabajo, resulta necesario conocer exactamente qué implica esta forma de trabajo, en qué sectores y ocupaciones puede aplicarse, cuál es el marco normativo que lo regula y qué modalidades de teletrabajo existen, para así poder decidir cuál es la que mejor encaja con la realidad de la empresa y las opciones estratégicas de cada organización.

Una vez conocida la afinidad de la organización con el teletrabajo, es necesario tomar conciencia sobre la idoneidad de aplicar procesos, saber en qué eje temporal hay que aplicarlos, indicar los pasos y acciones que se deben seguir, implantar y realizar el pertinente seguimiento para confirmar su buena aplicación o establecer cambios.

3.1. Ventajas

Trabajar en una oficina virtual y construir relaciones virtuales presenta una serie de ventajas significativas que impactan tanto en la vida profesional como personal. Muchas encuestas actuales demuestran que los beneficios del teletrabajo superan a los inconvenientes, y en este apartado, exploraremos las ventajas de adoptar este enfoque en el entorno de trabajo actual.

- Flexibilidad y conciliación: una de las principales ventajas de la oficina virtual es la flexibilidad que ofrece.

- Horarios flexibles: los miembros del equipo pueden adaptar su horario de trabajo a sus necesidades personales, lo que facilita la conciliación entre el trabajo y la vida familiar.

- Eliminación de desplazamientos: al no tener que desplazarse a una ubicación física, se ahorra tiempo y estrés relacionado con el tráfico o el transporte público.

- Acceso global al talento: la oficina virtual permite acceder a un grupo más amplio de talento, independientemente de su ubicación geográfica. Abriéndose además a oportunidades laborales a colectivos como, por ejemplo, profesionales con discapacidad o dificultades de movilidad.

- Diversidad de perspectivas: reclutar y colaborar con profesionales de diferentes regiones y culturas enriquece la diversidad de pensamiento y la creatividad del equipo.

- Competitividad en el mercado laboral. las organizaciones que ofrecen la posibilidad de trabajar virtualmente son más atractivas para talentos globales.

- Ahorro de costos: trabajar en una oficina virtual también puede reducir costes para las organizaciones y los empleados.

- Reducción de gastos operativos: las empresas pueden ahorrar en alquiler de espacio físico, energía y mantenimiento de oficinas.

- Menos gastos de desplazamiento: los empleados ahorran en gastos de desplazamiento, como gasolina, transporte público y almuerzos fuera de casa. Y las empresas ahorran en costes de viajes que hacían los empleados para acudir a reuniones fuera del centro.

- Mayor productividad y satisfacción: la comodidad de trabajar desde una oficina virtual puede aumentar la productividad y la satisfacción.

- Menos interrupciones: un entorno virtual puede proporcionar un espacio de trabajo menos propenso a interrupciones, lo que permite una mayor concentración.

- Mayor satisfacción personal: los empleados valoran la flexibilidad y el equilibrio entre el trabajo y la vida personal.

- Disminución de la contaminación y colaborar en positivo con el medioambiente: al no tener que desplazarse a un centro, habrá una disminución de emisión de gases tóxicos o carbono por la ausencia de uso de transporte público o privado.

Resumen:

La adopción de una oficina virtual y la construcción de relaciones virtuales efectivas ofrecen una serie de ventajas, como flexibilidad, acceso a talento global, ahorro de costes, mayor productividad y satisfacción. Estas ventajas pueden mejorar la calidad de vida y la eficacia de los equipos en el entorno de trabajo actual.

3.2. Retos

Aunque trabajar en una oficina virtual y construir relaciones virtuales tiene sus ventajas, como hemos visto, también implica ciertos desafíos que deben abordarse de manera efectiva.

Algunos de estos desafíos no se limitan a los equipos virtuales y pueden ocurrir con la misma facilidad en equipos que tienen una estructura más tradicional. Sin embargo, son muy importantes y, si deseamos administrar equipos virtuales de manera eficaz, tendremos que conocer estos desafíos y ser capaces de adaptar su enfoque de gestión para disminuir su impacto.

En este apartado, analizaremos algunos de los retos más comunes y cómo superarlos.

- Comunicación y conexión limitada: la falta de comunicación en persona puede llevar a problemas de conexión y comunicación.

- Malentendidos: la comunicación escrita puede ser ambigua, lo que puede dar lugar a malentendidos.

- Aislamiento: algunos miembros del equipo pueden sentirse aislados o desconectados.

- Gestión de tiempo y productividad: la flexibilidad de trabajar desde una oficina virtual a veces puede dificultar la gestión del tiempo y la productividad.

- Procrastinación: la falta de supervisión directa puede llevar a la procrastinación.

- Tecnología obsoleta o inadecuada: cuando la tecnología con la que se cuenta no es la adecuada o los trabajadores no la dominan, comienzan a aparecer problemas de comunicación y eficiencia.

- Dificultad para desconectar: algunas personas pueden tener dificultades para separar el trabajo de la vida personal.

- Malentendidos culturales: las diferencias en la comunicación y las normas pueden llevar a malentendidos.

- Falta de conciencia cultural: algunos equipos pueden carecer de conciencia de las diferencias culturales.

- Menos identificación del trabajador con la empresa: al no ver el centro de trabajo, con sus colores, logos, espacios comunes, frases motivadoras, etc., se pierde cierta vinculación y sentimiento de pertenencia.

- Seguridad de datos y privacidad: la seguridad de datos y la privacidad son preocupaciones importantes en entornos virtuales.

- Amenazas cibernéticas: la seguridad de datos puede verse comprometida por amenazas cibernéticas.

- Privacidad personal: algunas personas pueden preocuparse por la privacidad de sus datos personales en línea.

- Supervisión a distancia: la supervisión efectiva de los miembros del equipo a distancia puede ser un desafío.

- Construcción de cohesión: la construcción de un equipo cohesionado en línea requiere estrategias adicionales.

Algunas de las estrategias para superar estos retos pueden ser:

- Comunicación clara y abierta: fomentar una comunicación abierta y efectiva es esencial para abordar los malentendidos.

- Establecer normas de trabajo: definir normas y expectativas claras para gestionar la procrastinación y la gestión del tiempo.

- Formación en diversidad cultural: proporcionar formación en diversidad cultural para aumentar la conciencia de las diferencias.

- Seguridad cibernética: implementar medidas de seguridad cibernética para proteger los datos.

- Liderazgo efectivo: desarrollar habilidades de liderazgo efectivas en entornos virtuales para superar los desafíos de la gestión.

> **Resumen:**
> - Aunque trabajar en una oficina virtual y construir relaciones virtuales tiene muchas ventajas, también presenta retos que deben abordarse de manera efectiva.
> - La comunicación, la gestión del tiempo, los conflictos culturales y la seguridad son aspectos clave que requieren atención y estrategias para superarlos.

3.3. Herramientas útiles

Para abordar los desafíos y optimizar la gestión de una oficina virtual, y de las relaciones virtuales, es esencial contar con las herramientas y recursos adecuados.

En este apartado, exploraremos algunas de las herramientas útiles que pueden facilitar el trabajo en entornos virtuales para cada una de las diferentes áreas.

3.3.1. Herramientas de comunicación

■ **Plataformas de videoconferencia**: herramientas que permiten la comunicación en tiempo real a través de videoconferencias, lo que facilita la colaboración y las reuniones virtuales. Facilita las reuniones individuales y colectivas. Además, cuentan con posibilidad de grabar las sesiones para que las puedan ver miembros que no han estado disponibles, chat para enviar en tiempo real algún documento y compartir archivos en línea.

Opciones para estas herramientas son: Zoom, Microsoft Teams y Google Meet.

Figura 3.1. Reunión por Zoom

Figura 3.2. Reunión por Google Meet.

Para considerar elegir una de las tres herramientas de videoconferencia: Zoom, Microsoft Teams o Google Meet, es importante tener en cuenta algunas diferencias clave que pueden influir en la decisión:

Zoom

— **Enfoque principal:** Zoom se destaca por su simplicidad de uso y su enfoque centrado en las reuniones virtuales, ofreciendo una experiencia de videoconferencia de alta calidad.

— **Funcionalidades destacadas:** ofrece una amplia gama de funciones, como salas de espera, compartición de pantalla, pizarras virtuales y grabación de reuniones.

— **Integraciones:** aunque ofrece algunas integraciones con otras aplicaciones, no está tan estrechamente integrado con suites de productividad como Microsoft Office o Google Workspace.

— **Popularidad:** es muy popular entre empresas de todos los tamaños y también es ampliamente utilizado en entornos educativos y sociales.

Microsoft Teams

— **Enfoque principal:** Microsoft Teams es una plataforma integral de colaboración que combina videoconferencia, chat, gestión de archivos y otras herramientas de productividad.

© Ediciones Paraninfo

– **Integración con Office 365:** está estrechamente integrado con otras herramientas de Microsoft, como Office 365, SharePoint y OneDrive, lo que facilita la colaboración y la gestión de documentos.

– **Seguridad y cumplimiento normativo:** ofrece características avanzadas de seguridad y cumplimiento normativo, lo que lo hace adecuado para empresas que requieren altos estándares de seguridad.

– **Amplio conjunto de funciones:** además de las videoconferencias, Teams ofrece chat en tiempo real, colaboración en documentos en línea y la capacidad de trabajar en equipo directamente desde la misma plataforma.

Google Meet

– **Enfoque principal:** Google Meet es parte del ecosistema de Google Workspace y se centra en proporcionar una experiencia de videoconferencia simple y accesible.

– **Integración con Google Workspace:** está integrado con otras herramientas de Google, como Gmail, Calendar y Drive, lo que facilita la colaboración y la gestión de archivos.

– **Acceso fácil y amplio:** es ampliamente accesible a través de cuentas de Google y es fácil de usar para personas familiarizadas con el ecosistema de Google.

– **Funcionalidades avanzadas de seguridad:** ofrece características avanzadas de seguridad, como encriptación de extremo a extremo y controles de acceso granulares.

■ **Mensajería instantánea:** la mensajería instantánea es una forma de comunicación en tiempo real entre dos o más personas basada en texto. El texto es enviado a través de dispositivos conectados ya sea a una red como internet, o datos móviles sin importar la distancia que exista entre los dos dispositivos.

Figura 3.3. *App* de mensajería.

Aplicaciones como Slack, Microsoft Teams, Google Meet o WhatsApp brindan una comunicación rápida y efectiva entre miembros del equipo.

– **Slack:** es una plataforma de mensajería empresarial que permite la comunicación en tiempo real entre equipos y departamentos dentro de una organización. Facilita la colaboración mediante la creación de canales temáticos para discusiones, compartición de archivos y la integración con otras herramientas de productividad.

Figura 3.4. Logo de Slack.

– **Microsoft Teams:** es una plataforma de colaboración que combina chat, reuniones, llamadas y colaboración en documentos en un solo lugar. Permite a los equipos comunicarse y trabajar juntos de forma remota, ofreciendo características como videollamadas, chats grupales, almacenamiento de archivos y aplicaciones integradas de Microsoft Office.

Figura 3.5. Logo de Microsoft Teams.

– **Google Meet:** es una aplicación de videoconferencia que permite realizar reuniones virtuales en tiempo real. Permite a los usuarios comunicarse a través de video y audio, compartir pantalla y colaborar en proyectos de forma remota. Está integrado con otras herramientas de Google, como Gmail y Google Calendar.

Figura 3.6. Logo de Google Meet.

– **WhatsApp:** es una aplicación de mensajería instantánea que permite a los usuarios enviar mensajes de texto, voz, imágenes y vídeos a otros usuarios individualmente o en grupos. Aunque inicialmente diseñada para comunicación personal, muchas empresas también la utilizan para la comunicación interna y la colaboración en equipos pequeños.

Figura 3.7. Logo de WhatsApp.

■ **Correo electrónico**: el correo electrónico sigue siendo una herramienta vital para la comunicación asincrónica y la gestión de la información.

Figura 3.8.

Diferentes plataformas ofrecen la posibilidad de registrar un correo electrónico personal, además de las propias cuentas corporativas. Ejemplos de ellos son Gmail, Hotmail, Outlook, Yahoo!, etcétera.

3.3.2. Herramientas de colaboración

Estas herramientas permiten compartir y editar documentos en tiempo real. Llamadas también plataformas, ofrecen espacios compartidos donde todo el equipo puede añadir documentos en los que esté trabajando y permitir que el resto del equipo vea y edite los mismos en tiempo real sin perder información.

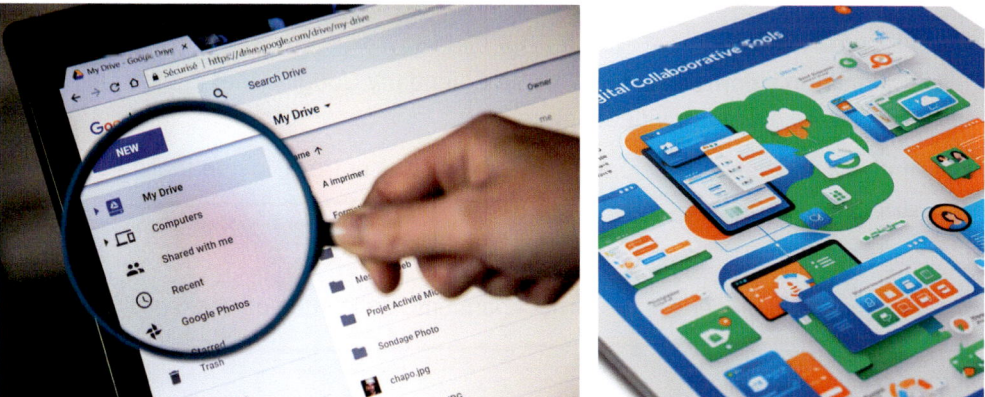

Figura 3.9. Imagen de diferentes herramientas colaborativas.

Como ejemplos podemos trabajar con las siguientes plataformas: Microsoft SharePoint, Google Workspace, Google Drive, Microsoft OneDrive, Dropbox, etcétera.

Una breve explicación sobre cada una de estas herramientas.

■ **Microsoft SharePoint**

Descripción: es una plataforma de colaboración basada en la web que integra con Microsoft Office.

Para qué sirve:

— **Gestión de documentos:** permite almacenar, organizar y compartir archivos de forma segura.

— **Intranets y portales:** facilita la creación de sitios web internos para la colaboración en equipo y la distribución de información.

— **Flujos de trabajo:** automatiza procesos empresariales con flujos de trabajo personalizados.

— **Integración con Office:** se integra perfectamente con aplicaciones de Microsoft Office, permitiendo la edición colaborativa de documentos.

■ **Google Workspace (anteriormente G Suite)**

Descripción: es una *suite* de aplicaciones de productividad y colaboración basada en la nube de Google.

Para qué sirve:

— **Correo electrónico:** Gmail ofrece servicios de correo electrónico profesionales.

— **Colaboración en documentos:** Google Docs, Sheets y Slides permiten la creación y edición colaborativa de documentos, hojas de cálculo y presentaciones.

— **Almacenamiento:** Google Drive proporciona almacenamiento en la nube para archivos.

— **Calendario y comunicación:** Google Calendar y Google Meet facilitan la programación de eventos y videoconferencias.

— **Integración:** las aplicaciones están integradas entre sí, lo que facilita el flujo de trabajo y la colaboración en tiempo real.

■ **Google Drive**

Descripción: es un servicio de almacenamiento en la nube ofrecido por Google.

Para qué sirve:

— **Almacenamiento de archivos:** permite almacenar archivos de cualquier tipo de forma segura en la nube.

— **Compartir y colaborar:** facilita la compartición de archivos y la colaboración en tiempo real en documentos, hojas de cálculo y presentaciones.

- **Acceso desde cualquier lugar:** los archivos almacenados en Google Drive se pueden acceder desde cualquier dispositivo con conexión a Internet.
- **Integración con Google Workspace:** se integra perfectamente con otras herramientas de Google, como Google Docs, Sheets y Slides.

■ **Microsoft OneDrive**

Descripción: es un servicio de almacenamiento en la nube de Microsoft.

Para qué sirve:

- **Almacenamiento de archivos:** permite almacenar archivos de manera segura en la nube y sincronizarlos entre dispositivos.
- **Compartir archivos:** facilita la compartición de archivos con otros usuarios y la colaboración en tiempo real.
- **Integración con Office:** se integra perfectamente con Microsoft Office, permitiendo la edición colaborativa de documentos de Word, Excel y PowerPoint.
- **Acceso desde cualquier lugar:** a los archivos en OneDrive se puede acceder desde cualquier dispositivo con conexión a internet.

■ **Dropbox**

Descripción: es un servicio de almacenamiento en la nube y sincronización de archivos.

Para qué sirve:

- **Almacenamiento y Sincronización:** Permite almacenar y sincronizar archivos entre dispositivos de forma segura.
- **Compartir archivos:** facilita la compartición de archivos con otros usuarios y la colaboración en tiempo real.
- **Acceso desde cualquier lugar:** a los archivos en Dropbox se puede acceder desde cualquier dispositivo con conexión a internet.
- **Integraciones:** ofrece integraciones con muchas aplicaciones de terceros, lo que facilita el flujo de trabajo y la colaboración.

3.3.3. Calendario colaborativo

Para que todo el equipo pueda tener claros las fechas y horarios de las reuniones, los *meeting* virtuales, eventos importantes, *deadlines* o fechas de entrega de proyectos, incluso los días que cada miembro trabaja y aquellos que tiene vacaciones, es importante trabajar con calendarios colaborativos donde se pueda ver, en tiempo real, las agendas de todos y compartir las fechas importantes.

De esta forma, no habrá malentendidos ni despistes a la hora de conocer una fecha.

Figura 3.10. Interfaz de calendarios virtuales.

Para descargar y usar un calendario colaborativo, podemos usar herramientas como Google Calendar, Outlook Calendar, iCloud Calendar, Zoho y TeamUP.

■ **Google Calendar**

Descripción: es una aplicación de calendario en línea desarrollada por Google.

Para qué sirve:

Figura 3.11. Logo de Google Calendar.

— **Gestión de eventos y recordatorios:** permite crear, gestionar y compartir eventos y recordatorios.

— **Integración con Google Workspace:** se integra con otras aplicaciones de Google, como Gmail y Google Meet, facilitando la programación de reuniones y eventos.

— **Acceso desde cualquier dispositivo:** los calendarios se sincronizan automáticamente en todos los dispositivos conectados a una cuenta de Google.

— **Colaboración:** facilita la compartición de calendarios con otros usuarios, lo que ayuda en la coordinación de agendas y planificación de actividades en equipo.

■ **Outlook Calendar**

Descripción: es una herramienta de calendario y planificación incluida en Microsoft Outlook, parte de Microsoft 365.

Para qué sirve:

— **Gestión de eventos y tareas:** permite crear y gestionar eventos, citas y tareas.

— **Integración con Microsoft Office:** se integra perfectamente con otras aplicaciones de Microsoft, como Outlook para correo electrónico y Teams para reuniones.

– **Acceso desde cualquier dispositivo:** los calendarios se sincronizan en todos los dispositivos conectados a una cuenta de Microsoft.

– **Colaboración:** facilita la compartición de calendarios y la programación de reuniones con otros usuarios de Microsoft 365.

Figura 3.12. Logo de Outlook.

■ **Calendario iCloud**

Descripción: es una aplicación de calendario desarrollada por Apple, disponible para dispositivos iOS y macOS.

Para qué sirve:

– **Gestión de eventos y recordatorios:** permite crear, gestionar y compartir eventos y recordatorios.

– **Integración con el ecosistema Apple:** se integra con otras aplicaciones de Apple, como Mail y Siri, y sincroniza automáticamente en todos los dispositivos Apple.

– **Acceso desde cualquier dispositivo:** los calendarios se sincronizan en todos los dispositivos Apple conectados a una cuenta de iCloud.

– **Colaboración:** facilita la compartición de calendarios y la coordinación de eventos con otros usuarios de iCloud.

Figura 3.13. Logo de iCloud.

■ **Zoho Calendar**

Descripción: es una aplicación de calendario en línea desarrollada por Zoho.

Para qué sirve:

– **Gestión de eventos y recordatorios:** permite crear, gestionar y compartir eventos y recordatorios.

Figura 3.14. Logo de Zoho.

– **Integración con Zoho Suite:** se integra con otras aplicaciones de Zoho, como Zoho Mail y Zoho CRM, facilitando la gestión empresarial.

– **Acceso desde cualquier dispositivo:** los calendarios se sincronizan en todos los dispositivos conectados a una cuenta de Zoho.

– **Colaboración:** facilita la compartición de calendarios y la programación de eventos con otros usuarios de Zoho.

■ **TeamUp Calendar**

Descripción: es una herramienta de calendario en línea diseñada para la gestión de equipos y la organización de grupos.

Figura 3.15. Logo de TeamUp.

Para qué sirve:

– **Gestión de eventos y recursos:** permite crear y gestionar eventos, asignar recursos y organizar horarios para equipos.

– **Sincronización en tiempo real:** los calendarios se actualizan en tiempo real, asegurando que todos los miembros del equipo tengan acceso a la información más reciente.

– **Acceso desde cualquier dispositivo:** los calendarios se pueden acceder desde cualquier dispositivo con conexión a Internet.

– **Colaboración:** facilita la compartición de calendarios, la coordinación de actividades y la asignación de tareas dentro de equipos y grupos.

3.3.4. Herramientas de gestión de proyectos

Para trabajar un proyecto en un equipo virtual, necesitamos herramientas que nos permitan conocer quién se encarga de cada tarea, el estado de desarrollo de cada una de ellas y su seguimiento. Esto permitirá a todo el equipo conocer el estado de avance del proyecto en tiempo real y, al líder del equipo, controlar el trabajo de todos sus miembros.

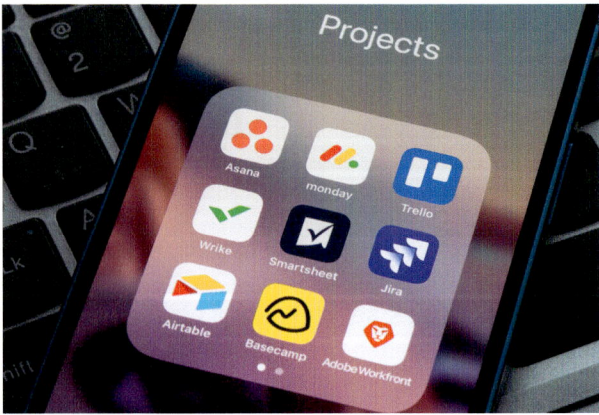

Figura 3.16. *Apps* colaborativas.

Herramientas que permiten este control de seguimiento y distribución de las tareas pueden servir como ejemplos las siguientes.

■ **Trello**

Descripción: es una herramienta de gestión de proyectos y tareas basada en tableros y tarjetas, desarrollada por Atlassian.

Para qué sirve:

— **Gestión visual de proyectos:** utiliza tableros, listas y tarjetas para organizar tareas y proyectos de manera visual e intuitiva.

— **Colaboración en tiempo real:** facilita la colaboración en equipo al permitir que los miembros del equipo trabajen juntos en las mismas tarjetas y listas.

— **Flexibilidad y personalización:** los usuarios pueden personalizar tableros y tarjetas con etiquetas, fechas de vencimiento, *checklists* y más.

— **Integraciones:** se integra con muchas otras aplicaciones, como Slack, Google Drive y Evernote, mejorando la productividad.

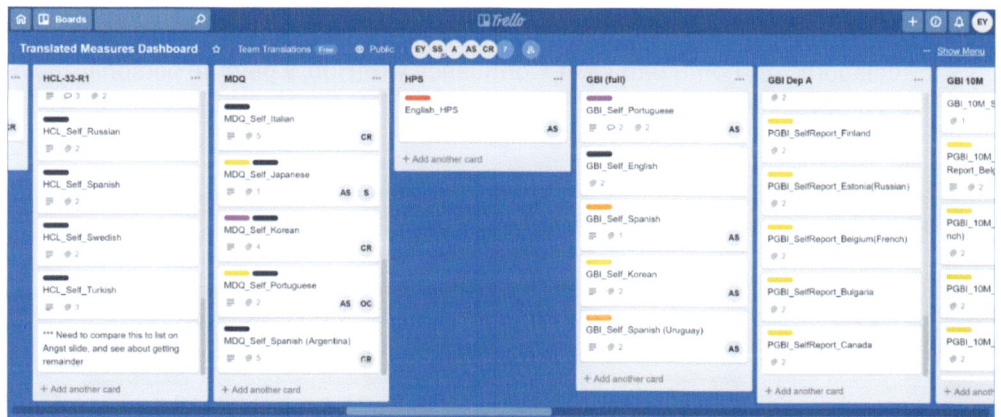

Figura 3.17. Interfaz de Trello.

■ **Asana**

Descripción: es una herramienta de gestión de proyectos y tareas diseñada para ayudar a los equipos a organizar, seguir y gestionar su trabajo.

Para qué sirve:

— **Gestión de tareas y proyectos:** permite crear, asignar y seguir tareas y proyectos, ayudando a los equipos a mantenerse organizados y cumplir con los plazos.

— **Seguimiento del progreso:** ofrece diversas vistas (lista, tablero, cronograma y calendario) para seguir el progreso de los proyectos.

- **Colaboración en equipo:** facilita la comunicación y colaboración dentro del equipo a través de comentarios en tareas, asignaciones y notificaciones.

- **Automatización e integraciones:** incluye funciones de automatización para flujos de trabajo y se integra con otras herramientas como Slack, Google Drive y Microsoft Teams.

■ **Jira**

Descripción: es una herramienta de gestión de proyectos y seguimiento de incidencias desarrollada por Atlassian, ampliamente utilizada en el desarrollo de *software*.

Para qué sirve:

- **Seguimiento de incidencias y *bugs*:** permite registrar, seguir y gestionar incidencias, bugs y tareas relacionadas con el desarrollo de *software*.

- **Gestión de proyectos ágiles:** soporta metodologías ágiles como Scrum y Kanban, ofreciendo tableros, *sprints* y reportes ágiles.

- **Planificación y priorización:** facilita la planificación de *sprints*, la asignación de tareas y la priorización del trabajo.

- **Integraciones y extensibilidad:** se integra con otras herramientas de desarrollo y colaboración, como Bitbucket, Confluence y GitHub, y permite personalizaciones a través de *plugins*.

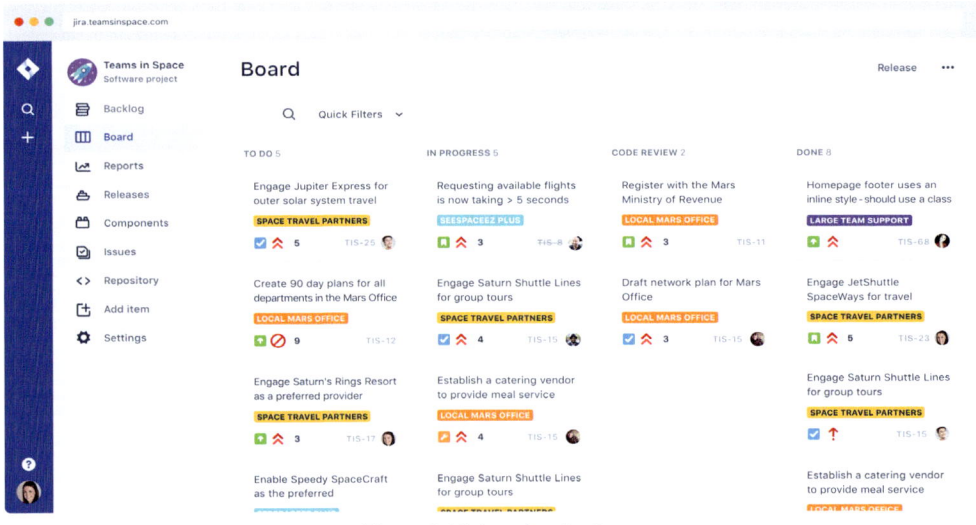

Figura 3.18. Interfaz de Jira.

■ **Any.Do**

Descripción: es una aplicación de gestión de tareas y listas de cosas por hacer que ayuda a los usuarios a mantenerse organizados y productivos.

Para qué sirve:

– **Gestión de tareas y recordatorios:** permite crear y gestionar tareas, listas de cosas por hacer y recordatorios.

– **Planificación diaria:** ofrece una vista diaria para planificar y priorizar tareas, ayudando a los usuarios a concentrarse en lo que es más importante.

– **Sincronización multiplataforma:** las tareas y listas se sincronizan automáticamente en todos los dispositivos conectados, permitiendo el acceso desde cualquier lugar.

– **Colaboración y compartición:** facilita la colaboración permitiendo compartir listas y tareas con otros usuarios.

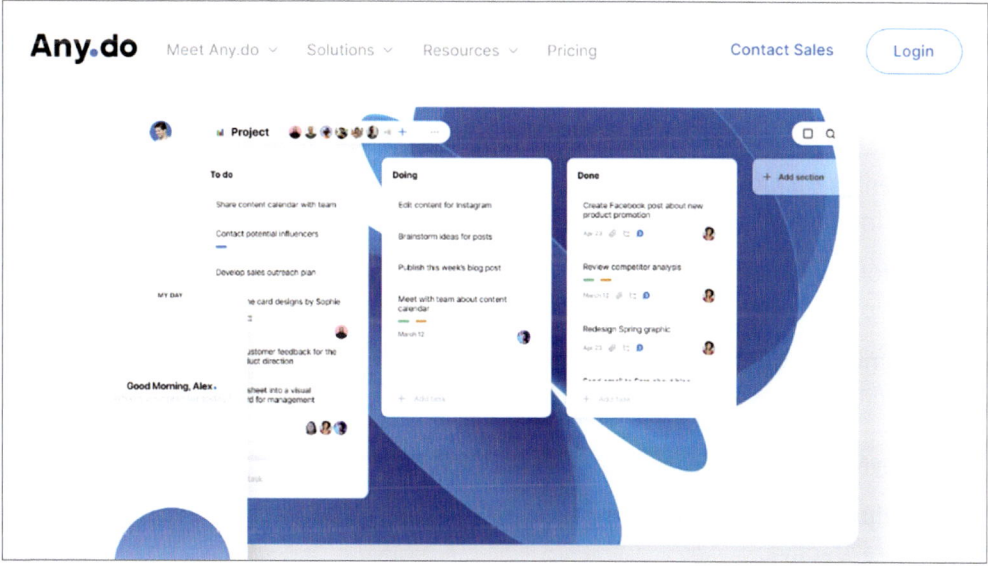

Figura 3.19. Interfaz de Any.do.

3.3.5. Herramientas de evaluación y retroalimentación

Para todos los líderes se hace indispensable poder evaluar a todos sus miembros, su trabajo diario y los resultados asociados a sus tareas y proyectos. Es indispensable conocer el rendimiento de cada equipo, tanto en colectivo como individual para la evaluación final del proyecto o evaluación anual de desempeño.

Aparte de evaluar nuestro rendimiento, es indispensable que todo el equipo evalúe a la compañía en todas sus áreas, incluyendo la gestión de proyectos, la accesibilidad de su *manager*, la calidad de las herramientas que proporciona la empresa, la satisfacción con la forma de trabajar en equipo, entro otras.

Para todo ello, además de reuniones *one to one*, a través de las herramientas de comunicación que hemos visto anteriormente, debemos utilizar las encuestas o cuestionarios *online* que nos harán recopilar la opinión de nuestros equipos.

Figura 3.20. Situaciones de evaluación.

Herramientas para poder llevar a cabo cualquier recogida de información sobre opinión, o información sobre el rendimiento de conexión del equipo, pueden ser:

- Plataformas como SurveyMonkey y Google Forms permiten recopilar comentarios y opiniones de los miembros del equipo.

- Herramientas de análisis de datos: Google Analytics o herramientas de análisis de proyectos para evaluar el rendimiento y tomar decisiones basadas en datos.

- **SurveyMonkey**

  Descripción: es una plataforma en línea para crear encuestas y recopilar datos de manera efectiva.

  Para qué sirve:

  – **Creación de encuestas:** permite diseñar encuestas personalizadas utilizando una variedad de plantillas y tipos de preguntas.

  – **Recopilación de datos:** facilita la distribución de encuestas a través de enlaces, correos electrónicos o integraciones con redes sociales y sitios web.

  – **Análisis de resultados:** ofrece herramientas de análisis para interpretar los datos recopilados, incluyendo gráficos y reportes detallados.

- **Google Forms**

  Descripción: es una herramienta gratuita de Google para crear formularios y encuestas en línea.

Para qué sirve:

- **Creación de formularios y encuestas:** permite diseñar formularios y encuestas de manera sencilla con una variedad de preguntas y opciones de respuesta.

- **Recopilación de datos:** los formularios pueden ser compartidos mediante enlaces, correos electrónicos o incrustados en sitios web, facilitando la recopilación de respuestas.

- **Análisis de Resultados:** los datos recopilados se organizan automáticamente en Google Sheets, lo que permite un análisis detallado y la creación de gráficos.

■ **Google Analytics**

Descripción: es una herramienta de análisis web que proporciona estadísticas detalladas y datos de tráfico de sitios web.

Para qué sirve:

- **Seguimiento de visitantes:** permite rastrear y analizar el comportamiento de los visitantes en un sitio web, incluyendo páginas vistas, tiempo de permanencia, fuentes de tráfico y más.

- **Medición de rendimiento:** ayuda a medir el rendimiento de las campañas de *marketing* digital y la efectividad del contenido del sitio web.

- **Análisis de audiencia:** proporciona información demográfica y geográfica sobre los visitantes, así como sus intereses y dispositivos utilizados.

- **Informes personalizados:** ofrece la posibilidad de crear informes personalizados y *dashboards* para monitorear métricas clave en tiempo real.

3.3.6. Herramientas de seguridad y privacidad

Las herramientas de seguridad son recursos tecnológicos diseñados para proteger los sistemas computacionales y redes cibernéticas. Con estos, se puede reaccionar ante amenazas o planear estrategias de prevención de riesgos en el manejo de información, almacenamiento de datos o promoción de la privacidad.

Ejemplos de herramientas y aplicaciones para ello pueden ser:

■ VPN (red privada virtual): ayuda a proteger la seguridad y privacidad de la información al cifrar las comunicaciones en línea y ocultar la ubicación de los usuarios.

■ Gestores de contraseñas: herramientas como LastPass y 1Password ayudan a mantener seguras las contraseñas y la información de inicio de sesión.

■ *Firewalls* y antivirus: para proteger los dispositivos y la red contra amenazas cibernéticas.

Figura 3.21. VPN.

3.3.7. Herramientas de capacitación en línea

Una plataforma de aprendizaje virtual es una herramienta que engloba diferentes formas de enseñanza destinadas a fines de formación. Su principal función es facilitar el aprendizaje de entornos virtuales para impartir todo tipo de formaciones a través de internet con posibilidad de formarse en el momento y lugar que se quiera.

Las empresas utilizan estas plataformas para tener cursos y vídeos con la explicación de conocimientos que necesita que sus empleados conozcan y practiquen. De esta forma, logran que todos los miembros puedan formarse tantas veces como necesiten de la misma manera y volver a ella ante cualquier duda.

Ejemplos de plataformas de aprendizaje pueden ser las siguientes:

- Plataformas de aprendizaje en línea: Coursera, Udemy y LinkedIn Learning ofrecen cursos en línea para el desarrollo de habilidades y la capacitación.

- Sistemas de gestión de aprendizaje (LMS): plataformas como Moodle y Blackboard facilitan la gestión y entrega de cursos y capacitación en línea.

Figura 3.22. Formación *online* o digital.

Resumen:

La elección de las herramientas adecuadas es esencial para la gestión exitosa de una oficina virtual y el fortalecimiento de las relaciones virtuales. En un entorno de trabajo remoto, la eficiencia, la comunicación y la colaboración dependen en gran medida de las herramientas que utilizamos. Aplicaciones como Microsoft SharePoint, Google Workspace y Dropbox facilitan la gestión de documentos y el almacenamiento en la nube, permitiendo el acceso y la colaboración en tiempo real.

Herramientas de calendario como Google Calendar, Outlook Calendar y Calendario iCloud ayudan a organizar y sincronizar reuniones, asegurando que todos los miembros del equipo estén alineados.

Para la gestión de proyectos, opciones como Trello, Asana y Jira proporcionan plataformas robustas para organizar tareas, seguir el progreso y facilitar la colaboración. En cuanto a la recopilación y análisis de datos, SurveyMonkey y Google Forms permiten crear encuestas y formularios eficaces, mientras que Google Analytics ofrece *insights* detallados sobre el rendimiento del sitio web y el comportamiento del usuario.

Elegir las herramientas adecuadas no solo optimiza los procesos y la productividad, sino que también mejora la comunicación y fortalece las relaciones virtuales al proporcionar plataformas claras y eficientes para la interacción.

En definitiva, una selección cuidadosa y estratégica de estas herramientas es fundamental para el éxito de cualquier oficina virtual.

ACTIVIDADES FINALES

CUESTIONARIO DE AUTOEVALUACIÓN

3.1. ¿Cuál es la principal función de Microsoft SharePoint?

a) Crear y editar hojas de cálculo en línea

b) Gestionar documentos y colaborar en proyectos

c) Realizar videoconferencias

3.2. ¿Qué herramienta de Google permite almacenar archivos y colaborar en tiempo real?

a) Google Sheets

b) Google Drive

c) Google Forms

3.3. ¿Cuál es una característica destacada de Trello?

a) Videollamadas en alta definición

b) Gestión visual de proyectos con tableros y tarjetas

c) Creación de encuestas y formularios

3.4. ¿Qué herramienta está específicamente diseñada para la gestión de incidencias y *bugs* en desarrollo de *software*?

a) Asana

b) Jira

c) Slack

3.5. ¿Cuál de estas herramientas es una aplicación de gestión de tareas y listas de cosas por hacer?

a) Any.Do

b) Zoom

c) SurveyMonkey

3.6. ¿Para qué sirve Google Forms?

a) Crear y gestionar formularios y encuestas en línea

b) Editar documentos de texto

c) Realizar análisis web

3.7. ¿Qué herramienta ofrece integración con Google Ads y Google Search Console?

a) Trello

b) Google Analytics

c) Microsoft Teams

3.8. **¿Cuál es una característica clave de Microsoft OneDrive?**

a) Crear reuniones en línea

b) Almacenar y sincronizar archivos en la nube

c) Gestionar incidencias de *software*

3.9. **¿Qué función principal ofrece Zoho Calendar?**

a) Creación de encuestas

b) Gestión de eventos y recordatorios

c) Análisis de tráfico web

3.10. **¿Qué herramienta de Microsoft permite la colaboración en documentos y videoconferencias?**

a) Microsoft OneDrive

b) Microsoft Teams

c) Microsoft Word

3.11. **Una ventaja clave de trabajar en entornos virtuales es:**

a) La necesidad de viajar frecuentemente para reuniones

b) La posibilidad de colaborar desde cualquier lugar con conexión a internet

c) La imposibilidad de mantener una comunicación eficaz

3.12. **Trabajar en equipos virtuales puede mejorar la productividad porque:**

a) Todos los miembros del equipo están en la misma zona horaria

b) Los miembros del equipo pueden acceder a recursos y herramientas en cualquier momento

c) Los equipos virtuales no tienen acceso a herramientas de colaboración

3.13. **Una ventaja de utilizar Google Calendar es:**

a) No permite la sincronización de eventos en dispositivos móviles

b) Facilita la programación de reuniones y la gestión de eventos

c) No se integra con otras aplicaciones de Google

3.14. **El uso de herramientas de colaboración como Slack puede:**

a) Disminuir la comunicación entre los miembros del equipo

b) Mejorar la comunicación y colaboración en tiempo real

c) Dificultar la asignación de tareas

3.15. **Una característica importante de Google Workspace es:**

a) Solo permite la edición de documentos sin colaboración

b) Facilita la colaboración en documentos, hojas de cálculo y presentaciones en tiempo real

c) No incluye aplicaciones de correo electrónico

3.16. **La utilización de Dropbox en un entorno virtual permite:**

a) Almacenar y compartir archivos de manera segura en la nube

b) Realizar encuestas y análisis de mercado

c) Gestionar reuniones y videollamadas

3.17. **Una de las ventajas de trabajar con Microsoft Outlook Calendar es:**

a) No permite la programación de eventos recurrentes

b) Facilita la gestión de eventos, citas y tareas integradas con correo electrónico

c) No se puede sincronizar con dispositivos móviles

3.18. **El principal beneficio de usar TeamUp Calendar es:**

a) No se puede compartir con otros usuarios

b) Gestión y coordinación de horarios y actividades para equipos y grupos

c) Solo permite la creación de eventos personales

3.19. **Una ventaja clave de las herramientas de videoconferencia como Google Meet es:**

a) No se pueden programar reuniones en línea

b) Facilita la comunicación cara a cara y la colaboración en tiempo real

c) Solo permite llamadas de audio

3.20. **Un beneficio de usar aplicaciones como Any.Do para la gestión de tareas es:**

a) No permite la creación de listas de cosas por hacer

b) Ayuda a planificar y priorizar tareas diarias de manera efectiva

c) No se puede acceder desde dispositivos móviles

Bibliografía

- Kerzner, Harold., *Project Management: A Systems Approach to Planning, Scheduling, and Controlling*, 12th edition, Editorial Wiley.

- Lipnack, Jessica and Stamps, Jeffrey., *Virtual teams: people working across boundaries with technology*, 2nd edition, Editorial Wiley.

- VV. AA., *ADGD372PO: Dirigir equipos de trabajo en entornos virtuales*, Editorial Valbuena.

Sitios web

- ASANA, Matriz RACI: qué es, cómo crearla con ejemplos y alternativas *online:* https://asana.com/es/resources/raci-chart

- Mazo, Ignacio.; Observatorio de RR. HH., *El reto de liderar equipos de forma virtual*: https://www.observatoriorh.com/opinion/el-reto-de-liderar-equipos-de-forma-virtual.html

- Wikipedia, Matriz de asignación de responsabilidades: https://es.wikipedia.org